BIBLIOTHÈQUE CONTEMPORAINE

LA COMTESSE DASH

LE BEAU · VOLEUR

C · L

PARIS

CALMANN LÉVY, ÉDITEUR

ANCIENNE MAISON MICHEL LÉVY FRÈRES

RUE AUBER, 3, ET BOULEVARD DES ITALIENS, 15

A LA LIBRAIRIE NOUVELLE

1876

LE FIGARO

V. ROSE

HÔTEL DU FIGARO

26, RUE DROUOT, 26

PARIS

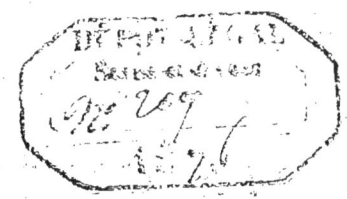

LE

BEAU VOLEUR

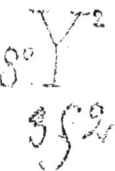

CALMANN LÉVY, ÉDITEUR

OUVRAGES

DE

LA COMTESSE DASH

Format grand in-18

F. Aureau. — Imprimerie de Lagny.

LE
BEAU VOLEUR

PAR

LA COMTESSE DASH

PARIS

CALMANN LÉVY, ÉDITEUR
ANCIENNE MAISON MICHEL LÉVY FRÈRES
RUE AUBER, 3, ET BOULEVARD DES ITALIENS, 15
A LA LIBRAIRIE NOUVELLE

—

1876

LE

BEAU VOLEUR

I

Dans un village de Bretagne, sur le bord de la
mer, on célébrait un mariage, et tout le pays
était sur pied, car il ne s'agissait de rien moins
que de Jacques Poulailler, le hardi marin, et
d'Isabeau Comblet la belle. Leurs amours étaient
célèbres à dix lieues à la ronde; les parents
s'étaient longtemps opposés à leur union; enfin
ils avaient vaincu tous les obstacles, et on allait
les conduire à l'autel.

1

De grand matin les cloches sonnaient à toutes volées, on tirait des coups de fusil en réjouissance, on défonçait les tonneaux, on embrochait les moutons et les oies; c'étaient de véritables noces de Gamache, toutes les maisons s'ouvraient joyeuses au soleil, les garçons brossaient leurs habits de fête et les jeunes filles préparaient leurs rubans.

Toute cette allégresse rendait d'autant plus remarquable l'isolement et la tristesse d'une habitation située à quelque distance du village, sur un promontoire élevé, d'où l'on dominait les falaises et la haute mer. Cette tour, à moité en ruines, était restée déserte pendant cinquante ans environ. Elle inspirait la terreur dans tout le voisinage, on prétendait qu'elle était hantée, et l'on racontait des horreurs sur ce qui s'y

passait dans les longues nuits d'hiver. Il y avait
de quoi faire trembler le plus brave.

Un matin, quelques années avant le mariage
de Jacques Poulailler et d'Isabeau, par un orage
épouvantable, un homme grand, sec, au teint
pâle, aux cheveux ardents, vint s'établir dans
la tour maudite. Personne ne l'avait vu arriver,
personne ne pouvait dire quel chemin il avait
suivi; on l'aperçut debout sur le rivage, au
milieu des vieilles pierres, enveloppé dans un
grand manteau noir. Il faisait de grands gestes,
levait les bras et prononçait des paroles incon-
nues, que le vent apportait au milieu des éclats
de la foudre. Les paysans se signaient, plusieurs
coururent à l'église, l'effroi se répandit partout,
un sorcier était établi dans la contrée.

Le lendemain le soleil était revenu : chacun

s'attendait à ne plus revoir l'étranger, on l'aperçut néanmoins assis à la place qu'il avait choisie et raccommodant ses filets. Il ne descendit point au hameau, ne parla à personne, et ne sortit point de son refuge tant que dura le beau temps.

Les nuages s'amoncelèrent de nouveau, le tonnerre gronda, toutes les barques rentrèrent. Une seule se détacha du cap de la grande tour, s'avança en pleine mer et disparut bientôt sous les vagues furieuses. Un seul homme la montait bravant les éléments déchaînés, c'était l'inconnu. A moins d'être le diable, on ne pouvait résister à un pareil temps. Il y résista cependant et reparut deux jours après, son bateau rempli des plus beaux poissons de l'Océan.

Pour la première fois il descendit au village

avec ses paniers et demanda si quelqu'un voulait lui acheter sa pêche. Pas un des plus hardis n'osa le refuser, ils le payèrent ce qu'il voulut, et lorsqu'il se retira, sans avoir échangé d'autres paroles avec ses voisins que les mots absolument nécessaires à son commerce, les petits enfants le poursuivirent. Il se retourna, et son regard les fit sauver, tant il était effrayant. A dater de ce jour ils le surnommèrent Roussart à cause de ses cheveux, et ce nom lui resta, faute de pouvoir lui en donner d'autres.

Il demeura plusieurs années dans la tour, et son genre de vie ne changea pas. Une seule fois il sembla obéir aux passions humaines, et fit à Isabeau Comblet une déclaration d'amour singulière par son emphase et par les promesses qu'elle renfermait. Si elle consentait à l'aimer, il lui promettait les honneurs, les richesses, elle verrait l'univers à ses pieds, elle serait la plus belle, la plus enviée de toutes, elle deviendrait reine, si elle en avait envie, enfin tous ses souhaits seraient accomplis. Isabeau le repoussa avec horreur, elle aimait Jacques et toutes les fortunes du globe ne l'auraient pas séparée de lui.

Roussart la persécuta pendant bien des mois. Souvent le soir, au moment où elle s'y attendait le moins, il apparaissait devant elle, au bord du chemin, en revenant des bois, et quand elle allait visiter ses bonnes amies. Un jour même elle le trouva dans sa chambre, sans savoir comment il y était entré; il lui faisait une peur épouvantable, en elle-même, elle invoquait son ange gardien et la Vierge, mère du Sauveur.

Elle repoussait cet affreux soupirant de toutes

ses forces, et pressait son mariage avec Jacques
pour s'en débarrasser. Celui-ci ne demandait pas
mieux et bientôt tout fut décidé selon leurs vœux.

Deux jours avant, au moment où Isabeau
fermait sa fenêtre, avant de se coucher, elle
aperçut Roussart dans le jardin, appuyé contre
la maison, il étendit le bras vers elle, et lui
dit :

— Tu m'as repoussé, Isabeau, tu épouses ton
Jacques, mais tu te souviendras de moi, et
malgré tes prières, ton premier enfant m'appartiendra.

— Je ne vous crains pas, répondit-elle, je
vais maintenant avoir deux protecteurs : le bon
Dieu qui m'a défendue jusqu'ici et le mari que
mes parents me donnent, nous serons plus forts
que vous.

Roussart disparut sans répondre. Jusqu'au moment du mariage, il ne se passa rien d'extraordinaire, la joie générale ne fut pas troublée. Isabeau jura devant Dieu d'aimer toujours son mari, et cela avec la bonne intention de le tenir. Les deux époux sortirent de l'église au comble du bonheur. Jacques laissa sa femme avec les gens de la noce et revint sur ses pas pour parler au bedeau, qui devait les faire danser le soir.

Comme il attendait dans le cimetière qui entourait la chapelle, Roussart parut devant lui, et lui dit avec un méchant sourire :

— Te voilà donc marié, maître Poulailler?

— C'est une chose sûre, monsieur.

— Pas plus sûre que le premier de tes enfants appartiendra au diable, et c'est moi, Roussart, qui te le prédis.

Poulailler resta tout attéré, pendant que son mystérieux et terrible voisin disparaissait à ses regards. Il se promit de garder pour lui cette prophétie et de n'en point parler, surtout à sa femme, dont l'imagination pourrait s'en frapper. Il rejoignit ses amis, et il eut bientôt oublié cet incident au milieu de la fête et des réjouissances.

Roussart ne parut plus dans le pays. Personne ne s'en souvint, si ce n'est dans les veillées, quand on racontait son histoire effrayante. Isabeau seule en gardait mémoire : elle avançait dans sa grossesse, et les phénomènes extraordinaires qu'elle éprouvait lui rappelaient la menace de son adorateur méprisé. Elle souffrait des douleurs horribles.

— Il me semble que je porte un brasier,

1.

disait-elle, j'étouffe et je brûle, c'est peut-être
là un enfant extraordinaire. J'ai grande envie
de me faire exorciser.

Poulailler n'était guère plus rassuré qu'elle;
mais le curé qu'on alla consulter, et auquel on
raconta les prédictions du Roussart, leur parla
le langage de la raison, et soutint à Jacques, que
son enfant étant bien à lui ne pouvait être celui
du diable.

— D'ailleurs une pure et sainte femme telle
qu'Isabeau ne pourrait mettre au monde un fils
de Satan. Ce sont des chimères. Priez, ayez
confiance en Dieu, il ne vous abandonnera
pas.

Ces paroles du prêtre consolèrent un peu le
jeune ménage, et le temps se passa un peu plus
tranquillement jusqu'à l'accouchement d'Isa-

beau. Alors les inquiétudes recommencèrent. La mère éprouva de véritables tortures.

— Je brûle! je brûle! ne cessait-elle de crier, qu'on aille me quérir de l'eau bénite!

L'enfant naquit en criant plus haut que sa mère même; il était beau et fort, néanmoins les commères réunies trouvèrent dans son visage je ne sais quels traits extraordinaires qui leur donnèrent à penser, à parler secrètement. On le conduisit au baptême, et, lorsque l'eau sainte toucha son front, il fut saisi de convulsions épouvantables, il semblait un possédé.

Cet enfant fut nommé Jacques Poulailler, comme son père, et c'est lui dont les aventures ont fait tant de bruit dans le monde, avant et depuis sa mort.

Sa première enfance n'offrit rien de particu-

lier. Il prit de très-bonne heure une force pro-
digieuse et une beauté qui, en se développant
avec l'âge, devint sinistre et fatale; il annonçait
des inclinations perverses, un caractère indomp-
table; ni les récompenses, ni les punitions
n'avaient de pouvoir sur lui. Aussitôt qu'il fut
assez grand pour sortir seul, il se mit à voler
tout ce qui tentait ses désirs, rien ne lui était
sacré, ni les bijoux de sa mère, ni l'argent de
ses voisins, ni les fruits, ni les volailles, ni
même les reliques de monsieur le curé, qu'il
jetait au vent, ou qu'il profanait.

Des plaintes arrivèrent à ses parents de tous
les côtés.

— Ah! disait Isabeau, nous aurons beau
faire, le diable ne s'est pas trompé, il lui appartient.

— Pas encore, ma femme, ou du moins nous devons tout essayer pour le lui ravir.

— Mais, mon ami, c'est un garnement, il ne veut pas même apprendre sa croix de par Dieu, sous prétexte qu'appartenant au diable cela ne lui servirait à rien du tout. Chacun dans le pays ne l'appelle que *Diabledonné* au lieu de Dieudonné, ce nom de si heureux augure. Ah ! mon pauvre Jacques, nous sommes bien à plaindre d'avoir donné le jour à un tel monstre.

L'honnête Jacques ne répondit rien ; qu'aurait-il dit ? Il sortit dans le village, et aperçut de loin son fils poursuivi par toute la marmaille et courant en avant des autres, orné d'une paire de cornes et d'une queue de papier. Les polissons le suivaient, criant du haut de leurs têtes :

— C'est le fils du diable! voilà le fils du diable.

— Pour qui me prennent donc ces petits impertinents? murmura Poulailler, je vais leur apprendre à vivre et à mon fils aussi.

Celui-ci ne semblait pas embarrassé de ses attributs, il les portait fièrement, comme une parure, comme un certificat de sa noble origine. Son père les lui arracha, en lui demandant où il prenait tant de hardiesse pour attrouper ainsi tout le village après lui.

— C'est pour me faire honneur, dit-il.

— Pour te faire honneur!

— Sans doute, je suis le fils du diable, et j'ai le droit de porter ses armes.

Un soufflet et un coup de pied, lancés juste à l'endroit où s'étalait la queue de papier, envoyèrent le fils du diable tomber à six pas sur un fumier, ce qui ne l'humilia point du tout. Poulailler le releva, le prit par l'oreille et le conduisit ainsi à sa mère, qui pleurait en préparant la soupe de la famille.

— Tiens, ma femme, dit-il, voilà le garnement, je l'ai trouvé jouant au diablotin, et il a été d'une insolence digne du rôle qu'il se veut imposer. Il a dix ans, il a déjà commis plus de vols, plus de faussetés et de mauvaises actions qu'il n'en faudrait pour se faire pendre. Le navire qui se trouve en vue a besoin d'un mousse, il part pour les grandes Indes, embarquons-le. Peut-être il ne reviendra pas, ou bien il reviendra corrigé, ou bien il persévérera dans son infamie, et au moins nous ne le verrons point. Fais-lui son paquet, et en route !

La pauvre femme se mit à pleurer. Une mère est toujours mère, souvent même elle a plus de tendresse pour celui qui le mérite le moins. Elle supplia son mari d'essayer encore, de ne point renvoyer leur premier-né, elle promit en son nom qu'il se corrigerait, elle fit valoir sa jeunesse, son étourderie, son ignorance ; le père fut inflexible, l'arrêt était prononcé, il fallait qu'il s'exécutât.

Quant au jeune drôle, impassible, l'œil sec, il assistait à ce débat comme s'il y eût été tout à fait étranger. Il désirait au fond de son âme que sa mère eût le dessous, car il désirait vivement se soustraire au joug paternel, et l'idée de voyages lointains, l'idée d'une liberté absolue ne lui déplaisait pas. Il se promettait déjà de ne pas appartenir longtemps au même maître, s'il lui faisait supporter un joug trop pesant, et de courir le monde pour son propre compte, aussitôt que cela lui serait possible.

Jacques Poulailler ne se rendit point aux prières d'Isabeau; il lui ordonna, au contraire, assez durement, d'embrasser son fils, si elle avait le courage de l'aimer encore. Le brick appareillait, il n'y avait pas de temps à perdre, si on voulait profiter de l'occasion; quant à lui, il bénirait Dieu chaque jour d'être délivré d'un pareil misérable, et il se hâterait de l'envoyer à son patron, dans la crainte qu'il ne se dédît, s'il prenait le moindre renseignement.

L'enfant fut arraché des bras de sa mère, à laquelle il ne rendait pas ses caresses, il fut remis aux marins qui l'emmenèrent, avec force recommandations de ne pas le ménager, pour le faire changer de conduite, et le soir même, il quitta pour jamais son pays natal, sans emporter même un regret.

Cette vie aventureuse lui plut pendant quelques mois; tout était nouveau pour lui, tout était plaisir, les périls même souriaient à sa nature hardie; il n'avait pas de plus grande joie que de grimper en haut des mâts, alors que la foudre grondait, alors que la tempête menaçait et que tous les êtres vivants tremblaient au choc des éléments déchaînés. Il les bravait et les regardait en face; on le citait comme le plus téméraire entre tous. Il eût voulu se battre contre l'univers entier, disait-il, il se sentait la force de le vaincre et de le dominer. Son capitaine le regardait comme un vrai chenapan, et disait à ses officiers :

— Cet infâme, qui prétend être le fils du diable, en a, ma foi! la méchanceté.

Et là-dessus les coups de garcette pleuvaient à qui mieux mieux, et Jacques ployait le dos, se laissait battre, et se contentait de dire :

— Tout cela se payera à la fois.

Cette existence dura deux ans. Le navire courut les quatre parties du monde, il relâcha dans les principaux ports et arriva enfin à Southampton en Angleterre, pour se radouber. Le capitaine avait bien vendu ses denrées, il possédait une petite somme bien ronde, qu'il comptait porter à sa famille, ce dont il se réjouissait beaucoup. Poulailler crut le moment arrivé de payer grassement les coups de garcette; il attendit un jour où le commandant était à terre, où l'équipage occupé aux travaux du bord ne songeait point à le surveiller, et, prenant son temps pour agir, il fit sauter la serrure du coffre-fort, s'empara de l'argent, sauta dans un canot, se rendit au rivage et détala.

Il ne manquait pas de bâtiments en partance, le fugitif était trop adroit pour s'y laisser prendre, car on ne manquerait pas de l'y chercher. Il s'arrangea avec le patron d'une barque, se rendant sur les côtes d'Écosse pour y pêcher du saumon, et il était déjà bien loin avant qu'on se fût aperçu de son absence.

Selon les conventions faites, on le débarqua et il s'en alla tout droit à Edimbourg. Muni de son escarcelle, il voulut connaître un peu la vie élégante, et il se fit conduire au meilleur hôtel du plus beau quartier. Entrant avec des airs d'insolence et de hauteur, il demanda un appartement, loua un laquais, se donna pour le fils d'un duc et pair français auquel il inventa un nom, bien entendu, en jetant noblement une guinée sur la table, il commanda un bol de punch, assaisonné de la bonne façon.

L'hôtelier se hâta d'obéir. Un gros homme placé à côté de lui ouvrait des yeux démesurés et ne pouvait en croire ses oreilles. Le fils d'un duc et pair, en semblable équipage, sans suite, à cet âge, il avait dû lui arriver des malheurs affreux. Son cœur s'en émut, et il s'estima trop heureux s'il pouvait être utile à un enfant de si haute naissance.

— Pardon, mylord, mais Votre Seigneurie... Votre Honneur... Votre Grâce...

Comme tous les enfants, Jacques apprenait facilement les langues, on l'aurait cru Anglais,

tant il avait l'accent britannique, seulement ses
expressions n'étaient pas d'un choix aristocra-
tique, et, tout autre qu'un marchand de sucre
et de café, s'en serait promptement aperçu.

Il prit de grands airs et daigna répondre aux
questions de son bienveillant voisin. Il avait fait
naufrage, ses gens s'étaient noyés, lui seul avait
été sauvé par des pêcheurs qui l'avaient recueilli,
lui avaient prêté des habits, les siens étant hors
de service; heureusement il avait sur lui une
assez forte somme; il avait pu récompenser ces
braves gens, et il attendait à Edimbourg des nouvelles de sa famille, avant de continuer son
voyage.

Le gros homme se sentit touché jusqu'aux
larmes; tant de courage, de résolution dans
un âge aussi tendre! Il offrit timidement ses

services au grand seigneur déguisé, lui dit qu'il serait le plus heureux du monde s'il daignait les accepter. Toute sa maison était à sa disposition, il l'habitait seul et peut-être Sa Seigneurie y serait-elle plus à son aise que dans une auberge ouverte à tous venants.

Sa Seigneurie se hâta d'accepter.

Il fit chère lie chez le bourgeois pendant quinze jours, se faisant présenter les connaissances de son hôte, sa famille, et se posant en grand seigneur complaisant, qui daignait s'abaisser jusqu'à ces petites gens, et recevoir leurs cadeaux. Il se donnait des airs incroyables, que ces marchands prenaient pour des façons de cour, il se moquait d'eux à leur barbe, il les mystifiait, il leur faisait des contes des mille et une nuits, ils ouvraient des yeux et des oreilles

démesurés en l'écoutant, le prônaient comme
un miracle, l'adoraient en thuriféraires, et le
vantaient de tout leur pouvoir. Son amour-propre
s'épanouissait et sa bourse également, car il
usait de son omnipotence, se faisait prêter des
sommes considérables par petites portions; bref
il tira la corde jusqu'à ce qu'elle fut tendue au
point de casser; alors il disparut un beau matin,
et s'en alla faire le duc et pair ailleurs.

Ce moyen lui réussit assez bien pendant deux
ou trois ans. Il exploita à peu près toute l'Angleterre, ne forçant pas ses impôts, ne s'atta-
quant qu'à la classe infime, ce qui prouvait une
adresse précoce; il échappa ainsi à la police, que
son âge désarmait aussi. Cette vie le lassa enfin;
il eut envie de revoir la France, et s'embarqua
pour Calais. Pendant la traversée il essuya une

tempête, le petit bâtiment fit naufrage, et il mit
en action véritable sa fable inventée à Edimbourg. Il eut bien de la peine à sauver sa vie en
perdant tout ce qu'il possédait, la bourse même
y passa.

En débarquant, ou plutôt en prenant terre,
il se trouva sur une falaise, à quelque distance
de la ville, libre de se sécher au soleil et ne
possédant pas un rouge liard. Il s'assit, assez
dégoûté des aventures, et ne prévoyant pas
comment il se tirerait de celle-là. Il ne connaissait personne au monde; il n'avait ni protecteurs, ni appuis; il ne savait aucun autre état
que ceux de voleur et de mousse; encore ce
dernier n'était-il dans ses moyens qu'au point
de vue du danger, car pour la manœuvre et le
service il n'y entendait rien du tout.

Après quelques instants de réflexions, sa nature insouciante prit le dessus, il se releva et marcha vers la ville en s'écriant :

— A la grâce du diable! il m'a bien conduit jusqu'ici, il ne m'abandonnera pas.

Poulailler avait alors seize ans, il était assez grand pour son âge, très-fort, très-adroit, d'une beauté incontestable et d'une bonne humeur que rien n'altérait. C'était le parti pris de ne reculer devant rien, de ne point s'affliger, de prendre tous les moyens de réussite et de ne point faire trop le fier avec la destinée.

— Ce qu'elle donnera je le prendrai, se dit-il, sauf à mieux me caser quand cela se rencontrera.

De cette manière il n'y a pas de mécomptes possibles.

En approchant des remparts, Jacques entendit
le bruit du tambour ; il se dirigea de ce côté et
aperçut des enfants de son âge, revêtus d'un
joli uniforme, étudiant les *ra* et les *fla,* sous les
ordres d'un caporal dont la canne retombait par-
fois sur leurs épaules. Un groupe de curieux les
entouraient, et parmi eux quelques jolies filles.

— Ces petits tambours sont charmants, dit
l'une d'elles, et je voudrais voir mon amoureux
ainsi vêtu. Ils ont tout à fait bonne grâce sous
cet habit blanc, avec leurs manches galonnées.

— Oui, mais on les bat.

— Ce caporal est un peu brutal peut-être,
cependant il ne frappe que les imbéciles ; ceux
qui savent battre en mesure ne sont pas battus.

— Mademoiselle, dit Jacques, se mêlant effrontément à la conversation, je suis un pauvre

marin dont le bâtiment a péri cette nuit sur les
rochers par suite de l'orage; je n'ai plus rien à
faire, je suis dégoûté de la mer; si je me faisais
soldat, croyez-vous que les jolies filles me regar-
deraient?

— N'en doutez point, mon jeune monsieur,
vous êtes bien fait pour cela; vous auriez tout à
fait bon air à la tête d'un régiment.

— Eh bien, mademoiselle, cela est décidé, je
vais de ce pas m'engager; mais vous m'en ré-
compenserez bien par la permission d'aller vous
saluer chez vous, avec mon uniforme.

— Très-volontiers, monsieur, moi et mes camarades nous nous réunissons tous les dimanches pour danser, nous serons bien contentes de
vous recevoir, n'en doutez pas.

La connaissance faite, Jacques s'en alla tout

droit au caporal, lui conta sa petite histoire, lui montra comme preuve ses habits mouillés, et demanda à faire partie de ses élèves.

Jamais un caporal tambour n'a refusé un joli garçon. A cette époque on n'était pas si difficile qu'aujourd'hui, on n'y regardait pas de bien près avec ceux qui désiraient servir le roi, et on n'avait pas d'ailleurs la rage du papier timbré qui nous possède. Le caporal accepta temporai rement Poulailler, avec la restriction du consen- tement de ses chefs, et l'aventurier s'en retourna à la ville dans les rangs de ses nouveaux cama- rades.

En passant auprès de celle qu'il appelait sa marraine, il la salua militairement, d'un air fier, tout en se disant par forme de corollaire :

— Me voilà sûr de ne pas mourir de faim et

2.

de ne pas coucher à la belle étoile ; Sa Majesté se chargera de ma nourriture et de mon logement ; cela me donnera le temps de voir venir.

Le caporal présenta sa recrue à l'officier chargé de recevoir les engagements. On n'eut garde de refuser ce joli garçon, on le revêtit de son uniforme, et, dès le lendemain, il alla à l'école avec les autres en s'excusant de ne point leur payer sa bienvenue. Les malheurs qu'il racontait si bien l'excusaient de reste.

— Vous ne perdrez pas à attendre, leur dit-il, pour péroraison.

Il comptait sur son industrie, déjà très-grande à cette époque, et il ne compta pas en vain. Le dimanche suivant, il se rendit au bal où l'avait invité la jolie fille. Tout en dansant, en folâtrant, en lutinant les donzelles, qui le trouvèrent adorable, il parvint à vider leurs poches et celles de leurs amoureux. Il fit rafle complète si adroitement qu'on ne s'aperçut de rien. Il eut soin de s'éclipser avant le moment des découvertes, pour mettre le magot en sûreté et revint effrontément sans que son absence eût été remarquée.

Lorsque le vol éclata, il cria plus haut que les autres, fit fermer les portes, exigea que tout le monde fût fouillé, lui comme les autres, et vit avec satisfaction qu'il n'avait pas laissé grand'chose à ses dignes amis. En se cotisant, ils ne purent jamais trouver de quoi payer à souper et le traiteur leur fit crédit. Les soupçons tombèrent sur plusieurs chevaliers qui s'étaient retirés de bonne heure ; quant à Poulailler, c'était pour tous le parangon de l'honnêteté, et cette société

ne pouvait se passer de lui, il en devint le héros.
Il eut bientôt autant de maîtresses qu'il en désira
et tout alla à merveille tant qu'il fut à Calais,
et qu'il se contenta de gains modestes.

Le régiment changea de quartier, on l'envoya
dans le Midi. Poulailler quitta ses connaissances
utiles avec regret, mais avec l'espoir de s'en
créer ailleurs de semblables. Arrivé à Toulouse,
il fit promptement des connaissances assorties à
ses moyens, sans pour cela négliger les devoirs
de son état, qu'il remplissait à la satisfaction
générale. Personne ne s'entendait comme lui à
donner une aubade; s'il eût voulu rester dans ce
noble corps des tambours, il fût parvenu aux
plus hauts grades; mais sa fortune le conduisit
ailleurs.

Un jour il se promenait, les bras arrondis, se

dandinant avec toutes les grâces de sa profession, lorgnant les femmes, coudoyant les hommes, se donnant enfin toute l'importance qu'il pouvait prendre, lorsqu'il aperçut dans le côté le plus écarté de la promenade, les tentes d'une troupe de bohémiens. Ils allaient ainsi par bandes, dans les provinces méridionales surtout. On les surveillait, mais on ne les empêchait pas d'exercer leurs industries, et ils en avaient de plusieurs espèces. La plus lucrative, sans nul doute, après le vol toutefois, était la sorcellerie. En s'adressant à la crédulité, ils étaient sûrs de ne pas partir les mains vides. Chaque *compagnie* avait un chef, soit roi, soit duc, suivant l'importance de la tribu; son autorité était souveraine, il avait, pour ainsi dire, le droit de vie et de mort sur ses sujets, et il en usait largement, sans que

la police se mêlât de ses affaires. Son autorité
ne se discutait même pas parmi les bohêmes; ils
se fussent tous laissé tuer plutôt que de lui
désobéir; ce dévouement était peut-être leur
seule vertu.

Lorsque Poulailler s'approcha des tentes, on
faisait cercle autour d'une jeune bohémienne,
vêtue d'oripeaux brillants, belle comme le jour,
et dansant avec une grâce infinie, un tambour
de basque à la main. Lorsqu'elle eut fini, elle
retourna son tambour, en fit une sébile et s'en
alla quêter, en rendant pour chaque pièce de
monnaie une révérence et un sourire.

Un vieillard, qui la dévorait des yeux, l'arrêta
lorsqu'elle passa devant lui, et lui montrant une
demi-pistole :

— Je te donnerai cela, la belle, dit-il, si tu
veux me dire ma bonne aventure.

— Très-volontiers, monsieur, répondit l'Égyptienne, ce ne sera pas difficile; donnez-moi votre
main.

Il obéit : elle regarda les lignes pendant quelques instants avec soin, sans que son visage
présentât la moindre altération.

— Faut-il dire tout haut ce que je vois, monsieur? demanda-t-elle.

— Sans doute, je n'ai point de secrets, je
n'en ai pas pour toi surtout, ajouta-t-il à voix
basse.

— En êtes-vous bien sûr, monsieur, de ne
pas avoir de secrets? Et si je révélais la ca-
chette de votre trésor?

— Mon trésor, mon trésor! je n'ai point de

trésor, insolente ; ne te moque pas de moi et ne va pas faire croire que je suis riche.

— Vous avez un trésor et vous ne le garderez pas longtemps, répliqua-t-elle avec insouciance ; il sera cause de votre mort, souvenez-vous-en et amendez-vous. Ne soyez pas dur au pauvre monde, car cela ne vous servira de rien, vous n'emporterez pas vos écus.

Le vieillard devint pâle ; cependant il affecta de rire et se retira sans lui donner la demi-pistole, ajoutant qu'il ne voulait pas payer si cher une semblable prédiction.

— Et que comptiez-vous donc que ie vous annoncerais, vieux singe? Je vous ai prédit la mort, n'est-ce pas ce qui vous attend? Aurais-je pu vous parler d'une amoureuse, à votre âge?

Les quolibets de la foule poursuivirent le curieux maladroit, et toutes les mains se tendirent vers la jolie sibylle, qui devinait si justement la vérité. Elle satisfit tous ceux qui la payèrent et profita de sa science pour lancer à droite et à gauche les sarcasmes que sa malice naturelle lui inspira. Parvenue devant le beau tambour, elle leva sur lui ses yeux de velours, et lui demanda s'il ne voulait pas connaître son avenir comme les autres.

Il lui tendit la main comme les autres, elle l'examina longtemps et, pour la première fois, sa physionomie exprima quelque intérêt. Un étonnement très-marqué se peignit sur son visage; il fallait des événements bien extraordinaires pour étonner cette expérience déjà si vieille à dix-neuf ans.

— Monsieur le tambour, lui dit-elle enfin,

3

vous êtes appelé à de hautes destinées, on parlera fort de vous dans le monde, vous y ferez du bruit.

— Oui, avec mes baguettes.

— Ne plaisantez pas, ceci est très-sérieux; vous avez en vous quelque chose qui me force à vous respecter; vous tenez à votre maître, c'est certain.

— Parbleu! c'est mon père.

Il prononça ces mots en riant; ceux qui les entendirent rirent également, excepté la jeune fille, qui fronçait le sourcil, tout en examinant sa main, qu'elle laissa bientôt retomber.

— Je ne puis m'expliquer devant tous ces témoins, ajouta-t-elle, mais si vous voulez revenir ce soir demander Zénaïde, et m'écouter quelques instants, je vous en dirai davantage.

La foule rit encore fort. Elle ne vit dans cette réticence que le prétexte d'un rendez-vous. Poulailler ne manqua pas d'être de cet avis; la bonne opinion qu'il avait de lui-même l'aida à se persuader, et il se retira le chapeau sur l'oreille, la moustache retroussée, le poing sur la hanche, en vrai casseur de cœurs. La bohémienne le suivit des yeux tant qu'elle put l'apercevoir. Pauvre fille! toute dépravée qu'elle fût, on ne peut s'empêcher de la plaindre, en songeant que sa destinée se décidait ce jour-là, par cette rencontre, et quelle destinée!

A l'heure indiquée, Poulailler reparut. Il tourna autour des tentes, sans oser accoster les bohémiens, dont la mine rébarbative ne lui promettait pas un bon accueil. Inaccessible à la peur, il craignait pour son rendez-vous. Zénaïde dépendait peut-être d'un de ces hommes à l'œil sombre, et on pouvait la retenir, si elle était soupçonnée. Il ignorait les mœurs de ce peuple étrange : une bohémienne n'a point de mari, point de père, elle appartient à la tribu; c'est à cette association qu'on peut appliquer cette devise, si souvent en défaut pour celles qui l'ont invoquée :

Tous pour un, un pour tous.

Zénaïde l'aperçut, elle le guettait; elle vint au-devant de lui, sans embarras. Il chercha à l'attirer à l'écart.

— Pourquoi faire? demanda-t-elle naïvement.

— N'avez-vous donc pas un amoureux parmi ces Égyptiens? Ne sera-t-il pas jaloux?

— Jaloux, répliqua la jeune fille en haussant

les épaules, il y songe bien! Il faut d'abord
apporter au trésor l'argent que nous pourrons
gagner, et duper les gentils, c'est notre première
pensée. Je vais vous dire votre bonne aventure;
vous m'intéressez, et j'ai vu de si bizarres pro-
nostics dans votre main, que je veux la revoir
encore; soyez tranquille, on ne s'occupera pas
de nous, je fais mon métier.

Elle prit de nouveau sa main et l'examina lon-
guement.

— Je vous l'ai dit, vous êtes appelé à de
nombreuses aventures. Vous serez fort riche,
vous posséderez beaucoup d'or, mais vous ne
serez pas difficile sur les moyens de l'acquérir.

— Vous êtes bien honnête, et vous me jugez
d'après vous.

— Je crois vous faire beaucoup d'honneur,

reprit fièrement la belle fille. D'ailleurs, je ne me trompe pas, les signes sont certains, votre visage ne peut mentir, et votre main encore moins que votre visage.

Elle lui détailla avec beaucoup de complaisance les lignes prophétiques, lui en montrant les ramifications, et lui en déduisant les conséquences. Il l'écouta et répéta après elle, discuta, raisonna: après les discussions et les raisonnements vinrent les compliments et les douceurs, que l'on ne repoussa pas; les bohémiennes sont peu cruelles, cela est connu. Les regards et les sourires s'échangèrent, puis les demandes, puis les promesses, puis les baisers, tant y a que le soir même Poulailler avait jeté ses baguettes aux orties, et que le lendemain il se réveilla élève sorcier et voleur patenté, par la grâce de Sa

Majesté le roi de la tribu, séant en son conseil, vêtu de son manteau rouge.

En une demi-heure on le rendit méconnaissable; son tambour-major lui aurait demandé sa bonne fortune, le prenant pour un Égyptien de la vieille souche. Cependant, pour plus de sûreté, on détala, on prit les chemins de traverse, on passa la nuit dans les bois, ce qui donna à Zénaïde le temps de parfaire l'éducation de son élève. Elle n'y épargna ni soins ni conseils. Quelques jours après, il fit ses premières armes dans un village, où il étonna tout le monde. Les connaisseurs en nécromancie le proclamaient le plus habile de la bande; il n'annonça cependant que des malheurs. Il semblait jouir des frayeurs qu'il inspirait.

— A quoi bon leur annoncer le bien qui les

attend? disait-il à ses camarades, il vaut mieux leur laisser le plaisir de la surprise.

La jeune fille sentit, après les premiers instants, qu'elle avait trouvé son maître, et, pour une femme de cette trempe, c'était la plus grande séduction. Les mauvais instincts de Jacques, son énergie, sa force de volonté, sa cruauté même étaient pour elle autant de qualités recommandables; elle le voyait déjà le chef de sa nation; elle sentait qu'il dominait ses compagnons par son intelligence et sa témérité; de ce jour elle devint son esclave.

Poulailler parcourut avec ses nouveaux amis le Midi de la France. Il changea de nom, bien entendu, et se fit appeler Abenhama. La police ne s'inquiéta pas de son origine. Elle ne s'occupait des bohémiens que pour les surveiller.

Quant à leurs noms et à leurs familles, à peine
les connaissaient-ils eux-mêmes. Les sentiments
de la nature leur sont à peu près inconnus,
excepté celui d'un brutal amour, plus semblable
à celui des animaux qu'à celui des créatures
pensantes, à qui Dieu a donné l'amour, autant et
plus peut-être comme un élan de l'âme que
comme un besoin du corps.

Zénaïde s'éleva pour Abenhama à une puissance de dévouement, de tendresse qui lui at-
tirèrent la pitié de ses compagnes. Toutes la
crurent ensorcelée lorsqu'elles la virent ainsi
amoureuse et obéissante ; elle, la folle gitana,
jusque-là insouciante et légère, elle pleurait
souvent, elle qui riait toujours avant d'aimer ;
elle ne se permettait plus une distraction ; elle
ne se montrait plus au public ; elle ne souffrait

3.

plus qu'on lui parlât de sa beauté, elle qui ne
vivait jadis que de compliments et de caresses.

Jacques était devenu le plus habile de la
troupe ; il faisait des exercices prodigieux ; sa
force et son adresse n'avaient pas de rivales : il
dérobait tout, sans être même soupçonné, tant
il savait prendre à propos un air honnête, et
surtout fuir au moment indispensable.

Il enleva la besace d'un moine quêteur en
semblant venir à son aide ; il se fit remercier et
bénir par le pauvre frère, qui lui donna com-
plaisamment ce qui lui restait, c'est-à-dire un
beau chapelet monté en argent, bénit par le pape
et garni de reliques. Jacques le vendit le lendemain à une vieille comtesse, en lui faisant croire
qu'il l'avait rapporté de Jérusalem. Il lui en fit
payer le port en conséquence, sans compter son

bichon favori, qu'il lui enleva dextrement, et dont la peau servit de manchon à Zénaïde qui l'écorcha.

Cette *douce* vie continua près d'un an. Un soir, les principaux de la bande, Abenhama à leur tête, étaient sortis du camp pour une expédition. Zénaïde, assise auprès du foyer à moitié éteint, s'était endormie au bruit d'une chanson murmurée par une mère à son nourrisson. Un grand bruit la réveilla ; Jacques parut devant elle les habits en désordre, tout couvert de sang et de fange, l'œil étincelant et terrible :

— Lève-toi et suis-moi, lui dit-il.

II

Zénaïde s'était levée comme poussée par un ressort; elle n'eut pas le temps de parler, il l'entraîna; tout dormait encore autour d'eux, excepté la mère dont l'enfant souffrait; elle le suivit d'un air hagard et étonné, mais elle ne lui demanda rien. Dans cette société nomade, l'égoïsme était la seule loi; elle supposa une querelle entre les bohémiens; l'issue lui était indifférente, Jacques pouvait tuer sa maîtresse sans qu'elle fît un geste pour l'empêcher. Elle avait assez de ses douleurs, et ne s'occupait pas de celles des autres.

Abenhama traversa tout le camp sans s'arrêter, excepté pour prendre parmi les costumes quelques vêtements honnêtes, qu'il emporta avec lui; il se jeta dans un sentier de traverse, de là dans les bois, sans ralentir sa marche, entraînant toujours sa compagne, qui le suivait avec peine, sans oser lui adresser une question.

Après une course de deux heures, haletants tous les deux, ils s'arrêtèrent enfin. Poulailler se laissa tomber sur l'herbe, Zénaïde se coucha près de lui; ils étaient dans un fourré inaccessible, n'entendant d'autre bruit que le vent du matin qui soulevait les feuilles et les oiseaux commençant leurs chansons. La bohémienne alors s'informa de ce qui était arrivé, et son maître daigna le lui apprendre.

Leur expédition avait parfaitement réussi, ils revenaient chargés de butin, mais on les avait trahis sans doute. Ils se virent tout à coup entourés par la maréchaussée, un combat acharné s'ensuivit. Poulailler paya de sa personne, reçut une ou deux blessures légères, en distribua autour de lui de plus profondes; enfin ils allaient succomber au nombre, lorsque, dans l'obscurité, il entraîna son adversaire un peu en dehors du combat, s'en débarrassa par un dernier coup mieux appliqué que les autres, et prit la fuite sans qu'on songeât à le poursuivre.

— Maintenant nos camarades sont ou morts ou en prison, on aura été au camp chercher ceux qui restaient; il s'agit de nous déguiser de façon à ne pas être reconnus, car on nous cherchera. En voici le moyen, procédons à notre toilette. J'abdique la bohème, je redeviens Jacques Poulailler ; j'ai heureusement mes papiers de marin qui ne me quittent jamais, je suis homme de précaution. Quant à toi, Zénaïde, tu es libre de retourner avec ta tribu, si tu la retrouves. Je t'ai sauvée, parce que je t'aime, mais je ne prétends pas te forcer à t'attacher à moi.

— Je ne te quitterai jamais.

— C'est bien ; cependant, réfléchis : je suis jeté dans des aventures qui me conduiront bien loin sans doute. A tout prix je veux faire fortune et faire parler de moi. Consulte-toi bien, je ne sais où je te mènerai ; me suivras-tu partout ?

— Partout.

— Nous allons commencer néanmoins par nous rendre à Lyon séparément. Nous serions trop vite reconnus si nous restions ensemble. Heureusement j'ai de l'argent, ils n'ont pas eu le temps de me dépouiller. Nous pourrons faire notre route sans rien demander à personne; on s'occupera moins de nous, du courage! Mon auguste père me protégera, nous ne succomberons pas. Déguise-toi bien seulement; quant à moi, j'entends bruire une source là-bas; un peu d'eau, un peigne, des ciseaux, un habit de paysan breton et nul ne reconnaîtra le sacripant d'hier sous le paisible et honnête garçon d'aujourd'hui.

Zénaïde se soumit à tout; elle aida Jacques à sa toilette, le transforma complétement avant de songer à elle. Ce soin pris, il lui donna quelques écus, l'embrassa, lui livra le reste des effets, et, lui donnant rendez-vous à Lyon, au confluent des deux fleuves, il la quitta sans s'inquiéter de son sort.

La pauvre fille savait bien qu'il ne l'aimait pas; elle ne put retenir ses larmes néanmoins, et sentit dans son cœur un déchirement épouvantable.

— Hélas! pensa-t-elle, je l'aimerai toujours; à quoi bon pleurer, puisque je ne saurais me guérir?

Poulailler rejoignit bientôt la grande route et marcha le front levé, le bâton haut, jusqu'à une auberge, où il entra armé de son aisance habituelle, et demanda à déjeuner. Une voiture d'un style bizarre était dans la cour, tandis qu'un

homme vêtu d'un habit rouge, couvert d'oripeaux, causait vivement avec l'aubergiste. Jacques s'approcha d'eux, et écouta sans cérémonie.

— Oui, disait l'inconnu, c'est une perte irréparable, je ne le remplacerai point. Me voilà
arrêté dans ma fortune, par l'inconstance de ce
petit drôle. Se laisser séduire ainsi! Et le tout
pour le plaisir de porter la queue et le petit
chien d'une comédienne. Ah! l'ingrat, le misérable! si je le tenais!...

Poulailler flaira un moyen de retrouver une
place, et prenant son air le plus agréable :

— Vous avez perdu quelqu'un... ou quelque
chose, monsieur; monsieur votre fils peut-être?

— J'ai perdu ce que vous ne me rendrez pas,
d'ami, laissez-moi tranquille. J'ai perdu mon
aide, et me voilà seul avec d'imbéciles laquais,

qui ne savent que souffler dans une trompette et crever un tambour.

— Pardon, monsieur, je ne vous parle pas ainsi par une vaine curiosité, croyez-le bien; quel est votre métier, s'il vous plaît?

— Le plus beau, le plus grand, le plus noble de tous, jeune homme : je suis médecin. Je guéris tous les maux, j'arrache toutes les dents, je mets des emplâtres à toutes les plaies ; on a flétri ma profession du nom vulgaire de charlatan, nom que j'ai accepté plaisamment l'autre jour, sur la place publique de Toulouse, en disant à mes auditeurs : « Oui, messieurs, je suis charlatan, car je m'appelle Charles, et j'attends tout de vos bontés! » Le mot a fait fortune.

— Vous avez de l'esprit, monsieur, et l'on serait heureux de servir un pareil maître.

— Eh! vous vous y connaissez, mon garçon;
je crois bien que j'ai de l'esprit, demandez aux
quatre parties du monde, et vous verrez ce
qu'elles vous répondront. Quant à me servir,
ce n'est pas un laquais qu'il me faut, c'est un
second moi-même, et où le trouver, mon Dieu?

— Pas bien loin, peut-être.

— Où cela?

— Devant vous.

— Comment, vous oseriez prétendre!...

— Mettez-moi à l'œuvre, et vous verrez.

— Hum! Vous n'êtes pas mal tourné, vous
avez l'œil vif, vous avez la dent belle, vous êtes
jeune, vous me semblez assez effronté, et j'espère que vous êtes adroit. Si vous n'êtes pas
trop exigeant pour les conditions, nous pourrons
essayer.

— Où allez-vous d'abord?

— Parbleu! je vais à Lyon, et de là à Paris, Paris, le paradis des femmes, des hommes d'esprit, etc.

— Et des filous, interrompit Poulailler avec assurance.

— Qu'est-ce à dire, polisson? Vous permettez-vous...?

— D'appeler les choses par leur nom; ah! monsieur, où serait le charme de l'intimité, si l'on ne disait pas toute sa pensée? Puisque nous devons vivre ensemble, ne nous gênons pas.

Le charlatan le regarda un instant en dessous, puis il lui tendit la main, en lui disant :

— Vous êtes mon homme. Que voulez-vous gagner?

— Rien, jusqu'à ce que je vous aie prouvé ce

que je vaux. Seulement, j'ai une condition à vous imposer, sous forme de conseil.

— Imposer !

— Oui, monsieur, *imposer*; il faut vous faire à mon langage, autrement rien de conclu. Vous êtes Gascon, bien Gascon; votre accent, votre langage, vos manières sentent le Gascon d'une lieue. Eh bien, monsieur, traversez vivement la Gascogne; les loups ne se mangent pas entre eux, vous ne gagnerez que de l'eau à boire avec ces gens-là. Vous leur diriez cent fois la vérité qu'ils ne la croiraient point, et vous leur feriez des mensonges gros comme des cathédrales, qu'ils en trouveraient de plus gros encore.

— Très-vrai, très-vrai. Nous irons vite. Est-ce tout?

— Non. Vous avez des papiers, je suppose?

— Et de très en règle. Est-ce qu'on peut empoisonner, assassiner, martyriser les gens sans patente? demandez plutôt aux médecins.

— Sur vos papiers, il est question de votre aide?

— Parbleu !

— Il est nommé?

— Oui.

— Désigné?

— Ma foi, non.

— Alors, je suis votre aide, et nous ne nous sommes pas quittés depuis...

— Depuis plus de deux ans. L'ingrat! il y avait deux ans!

— Mon nom, s'il vous plaît.

— Jacquot.

— Justement, je m'appelle Jacques.

— C'est au mieux.

— Ne partons-nous pas?

— As-tu déjeuné, Jacquot?

— Non.

— Après déjeuner donc, le déjeuner des fian-çailles, nous nous mettrons en route. Ah! c'est Dieu qui t'envoie! Tu me conviens absolument. Qui m'eût dit, quand ce petit drôle m'a quitté ce matin pour s'attacher aux jupons de cette enjôleuse que nous avons rencontrée sur la route, qui m'eût dit que je le remplacerais si vite et si bien !

— Ce n'est pas tout à fait Dieu qui m'a fait trouver là à point nommé, je vous en avertis.

— Mettons que ce soit le diable et n'en parlons plus.

A dater de ce jour, Jacques devint l'ami, le

compagnon du charlatan, lequel lui apprit son métier en quelques leçons, et en fit un escamoteur de première force. Il fut bientôt passé maître, et celui-ci bénissait le hasard de lui avoir procuré un pareil trésor.

Ils arrivèrent à Lyon le huitième jour au soir. Il était trop tard pour aller chercher Zénaïde. Il se plaisait médiocrement avec son arracheur de molaires, mais il y trouvait une sûreté momentanée, et il comptait y demeurer jusqu'à ce qu'il rencontrât mieux. M. Esculape, c'était le nom ambitieux qu'il avait pris, connaissait ses relations avec la bohémienne ; il avait consenti à la prendre, en la déguisant en page, et ils avaient déjà composé d'avance son costume. Aussi le lendemain, dès l'aube, se trouva-t-il sur la plage alors déserte qui séparait les deux rivières ; il

4

aperçut une femme singulièrement vêtue, se promenant de long en large, il la reconnut : c'était elle.

Elle l'avait reconnu bien avant, les yeux du cœur voyant de si loin ! Elle courut à lui.

— Ah ! Abenhama, avec quelle impatience je t'attendais !

— Croyais-tu que je ne reviendrais pas ?

La pauvre fille en avait grand'peur, mais elle n'était pas assez maladroite pour l'assurer.

— Je t'attendais, reprit-elle, pour te donner une place, une place superbe, où nous gagnerons de l'or, et sans danger. Regarde mes habits, je suis enrôlée dans une troupe de bateleurs, nous dansons sur la corde, nous jouons la comédie ; avec ton esprit, ton adresse, ta figure, tu tiendras les premiers rôles, tu mèneras la troupe comme tu as mené les bohémiens, tu en deviendras le chef, et nous irons à la fortune.

Poulailler réfléchit ; il avait aussi sa proposition à faire. Il regarda les habits de Zénaïde : ils étaient très-frais, très-propres et d'un luxe de bon aloi.

— Ils ont de l'argent, tes comédiens ?

— Ils en ont et ils en gagnent. On est heureux en leur compagnie, bonne nourriture, bon gîte, bonne mine. Ils rient toujours, ils sont bien avec la justice ; on n'a pas à craindre sans cesse la prison ou le fouet, ils ne volent pas.

— Ils ne volent pas ! Cela leur manque. On le leur apprendra. — Je veux les voir avant de répondre, conduis-moi chez eux.

Elle le conduisit à une magnifique baraque, élevée sur la place Bellecour, par la permission

de M. le lieutenant de police et de M. l'intendant. Il fut reçu avec acclamations. La bohémienne avait parlé de lui comme d'un sujet
précieux ; on jugeait ses talents d'après ceux de
sa compagne, et on l'accueillit comme aujour-
d'hui un ténor à l'Académie de musique.

Jacques fut touché de ces prévenances. Il fut
plus touché encore de bons appointements promis, d'un engagement signé avec prime, et
M. Esculape eut tort. Il ne pesait pas tant dans
la balance de l'intérêt.

'— Je vous demande jusqu'à demain, dit-il à
ses nouveaux compagnons, encore est-ce avec
une convention indispensable : c'est que vous
détalerez sur-le-champ. Je vais quitter pour
vous une bonne condition, sans tambour ni
trompette. Si l'on me rattrapait, cela se passe-

rait mal pour tout le monde. Allons-nous-en
donc et bien vite.

Tout fut arrangé. Poulailler retourna près de
maître Esculape, qu'il trouva en train de débarrasser un quidam d'une excellente *molaire*,
lequel quidam criait à fendre les nues, et ne
voulait point se soumettre à l'opération à moitié
commencée. Esculape voyait sa réputation com-
promise par ce braillard; il ne savait à quel
diable avoir recours. Jacquot parut, il se crut
sauvé.

— Viens le faire taire, lui dit-il tout bas: car
le public les entourait et paraissait médiocrement
tenté de livrer sa mâchoire à un tel bourreau.

— Comment voulez-vous que je m'y prenne?
Je ne puis pas lui fermer la bouche, puisque
vous lui arrachez une dent.

4.

— Trouve un moyen.

— J'en ai un; laissez-moi faire, et parlez toujours à la canaille, annoncez-moi.

L'annonce, en ce bon temps, n'appartenait encore qu'à des charlatans patentés; on savait d'avance qu'ils mentaient; on ne les croyait pas; mais on s'y laissait prendre. Les charlatans d'aujourd'hui sont plus adroits encore. Ils annoncent et promettent ce qu'ils ne donnent point, et cela sans grosse caisse et sans habits rouges. On ne les croit pas davantage; on y est pris de la même façon. Seulement au lieu de nous arracher les dents, ils nous arrachent notre bourse, et peut-être pis. Le tout parce que nous sommes en progrès.

Jacquot, dont le nom publié avec force épithètes amena un frisson dans l'auditoire, s'ap-

procha du patient, et, après quelques lazzis, le
supplia de le laisser faire.

— Je vous garantis votre dent en deux se-
condes, et je vous en remettrai une autre à la
place, sans que vous vous en aperceviez.

D'un coup d'œil il avait jugé la manœuvre. La
dent, excellente, n'avait même pas été ébranlée
par les efforts contrariés d'Esculape; une goutte
d'élixir, il n'y paraîtrait plus. Il la toucha à
peine, fit la petite opération préalable, sortit de
sa poche, où il avait toujours en réserve une
dent qu'il fit semblant d'essuyer, et la montrant
triomphalement à la foule ébahie :

— Voilà ce que c'est, messieurs, regardez.
J'ai arraché celle dont souffrait monsieur, j'en
ai remis une autre à monsieur; monsieur ne
souffre plus; monsieur est satisfait. Qui veut sa

place? Vous ne savez pas votre métier, monsieur Esculape, continua-t-il à l'oreille de son maître, pendant que les hurrahs couvraient sa voix, je suis fâché de n'avoir pas le temps de vous l'apprendre. Vous en verrez bien d'autres, soyez tranquille.

Esculape resta stupéfait de cette adroite hardiesse ; il promit à son aide monts et merveilles pour le récompenser. Celui-ci répondit qu'il ne lui demandait rien ; il avait ses raisons.

La journée se passa dans la meilleure intelligence. Le maître régala son aide en l'accablant d'éloges. On se sépara pour aller dormir. Poulailler n'était pas homme à partir, comme un ingrat, les mains vides. Il sortit de sa chambre à petit bruit. Lorsque les ronflements de son maître lui révélèrent la solidité de son sommeil, il entra chez lui, chercha dans ses poches, et vida tout ce qui lui tomba sous la main.

Jacques appelait cela un tour d'escamotage, un procédé envers le charlatan, pour lui prouver qu'il avait bien profité de ses leçons.

Il arriva à la baraque bien nanti, et les fit lever, emballer, partir en un tour de main. Heureusement leurs papiers étaient visés et nul ne s'y opposa; heureusement ils se dirigeaient vers l'Italie et le charlatan vers l'Ile-de-France; heureusement enfin ledit charlatan ne soupçonnait même pas leur séjour à Lyon, par conséquent ses idées ne se tournèrent pas de ce côté, et il donna des renseignements tout opposés à la police. Le diable protégeait visiblement celui qui s'honorait de lui appartenir.

Les succès de Poulailler furent aussi grands

que ceux de Zénaïde, qui avait pris le nom de
Zora dans sa nouvelle profession. Enfants gâtés
du public et de la troupe, ils se faisaient admi-
rer partout. Les écus pleuvaient dans leur escarcelle ; les bonnes fortunes et les bons morceaux
étaient pour eux. Zora était contente ; il n'en
était pas de même de son amant, la tranquillité
le dévorait. Il lui fallait des dangers à tout prix,
il lui fallait l'espoir d'une carrière aventureuse
à parcourir, et chaque jour il déclarait à sa maîtresse qu'il ne resterait pas ainsi et qu'elle devait
s'attendre à le voir partir.

— Que m'importe ! répondait-elle ; où tu iras,
j'irai.

Après avoir enchanté le Piémont, une partie
de la Suisse et la Savoie, la compagnie rentra
en France. Elle parcourut les provinces de l'Est

et arriva, par un grand jour de revue, à Strasbourg. Les régiments paradaient sur l'esplanade. Le soleil dorait leurs uniformes; les trompettes et les tambours sonnaient, battaient à qui mieux mieux. Jacques et Zora les regardaient émerveillés.

— Zora, dit tout à coup le bateleur, est-ce que la gloire ne te semble pas, comme à moi, la plus belle chose du monde? Est-ce que tu ne m'aimerais pas davantage si j'étais un soldat du roi et si je portais un habit blanc comme ces héros qui défilent là-bas?

— Je ne puis t'aimer davantage, mais je t'aimerais autant et je serais plus heureuse; tu serais au moins tout à fait bien avec la justice.

Poulailler la regarda avec mépris. Pour une bohémienne, cette crainte de la justice, ce désir de ses bonnes grâces, lui semblaient pleins de timidité.

— Que dirais-tu si je m'enrôlais?

— Je deviendrais vivandière.

— Ma foi! j'en ai grande envie. Ces saltimbanques sont des brutes indignes de moi. Essayons d'autre chose. Je changerai de métier jusqu'à ce que j'en aie rencontré un qui me satisfasse complétement. Ce n'est pas encore celui-là; passons à un autre.

Et sans prendre le temps de réfléchir davantage, il s'en alla trouver le recruteur, se fit inscrire, se présenta à la caserne, fut admis, et le soir même il était au nombre des soldats de Sa Majesté. Zora avait séduit le cantinier, il l'avait prise chez lui autant pour sa jolie figure que pour ses manières engageantes.

Les bateleurs les cherchèrent partout. Cette fois, par une préférence dont ils durent s'applaudir, Poulailler les quitta sans leur rien prendre.

Ce temps passé au service fut le seul honnête de sa vie. Il remplit exactement ses devoirs, s'exalta pour la gloire, devint ambitieux, se vit déjà maréchal de France, comme Catinat et Schömberg, il ne rêva plus que la guerre et ses triomphes. Zora écoutait, avec une patience admirable, ses projets et ses châteaux en Espagne, dans lesquels elle n'entrait jamais pour rien, et lorsqu'il avait fini, elle lui répondait invariablement :

— Quand tu seras maréchal de France, tu me permettras bien d'être ta servante et de vivre dans un coin de ta maison.

5

Il ne lui répondait même pas, Qu'était à ses yeux ce dévouement infime dont il ne pouvait user?

Le diable trouva ce temps d'arrêt dans le mal trop long pour son protégé et il se hâta d'y mettre un terme. Il lui souffla une mauvaise pensée, laquelle devait le conduire aux grandes destinées prédites à son favori. Il se servit justement de cette prédiction pour arriver où il voulait venir. Tout sert au diable quand il en a besoin.

Un soir, il était allé voir Zora, et depuis une heure il s'entretenait de ses chimères, lorsque la fille du cantinier, vivandière comme elle, s'approcha d'eux et leur demanda, en riant, de quoi ils parlaient si sérieusement.

— De mon avenir, dit Poulailler.

— Votre avenir! parbleu! il est tout tracé; il n'y a pas loin à aller pour cela. Vous serez bas officier, si vous n'êtes point un ivrogne ou un paresseux, et vous irez ensuite manger votre retraite ou fumer votre pipe dans quelque village, en racontant vos campagnes, si vous en faites.

— Brrrrr! c'est bon pour les autres, ce que vous dites là, ma jolie fille, mais moi!

— Vous avez d'autres projets?

— Je serai maréchal de France.

— Vraiment! Êtes-vous gentilhomme?

— Je suis le fils du premier gentilhomme de l'univers.

— Qui donc?

— Le diable.

— Et vous comptez sur lui pour faire fortune?

— Ce n'est pas un si mauvais pilote; d'ailleurs, il m'a été prédit que je serais fort riche et qu'on parlerait beaucoup de moi dans le monde.

— Qui vous a prédit cela?

— Zora, que voici.

— Elle est sorcière?

— Je vous en réponds, essayez plutôt.

La vivandière tendit sa main; Zora l'examina un instant et devint très-pâle.

— Mon Dieu! s'écria-t-elle, je ne puis vous rien dire, votre main est couverte de sang.

— Allons donc! quelle folie!

— Vous ne le voyez pas, je le vois, moi, il me cache les lignes sur lesquelles je dois lire, ces lignes que voilà, où j'ai deviné sa destinée, à lui.

Elle prit la main de Poulailler, pour lui en

montrer les signes très-distinctifs ; mais elle la laissa tomber sur-le-champ, en poussant un cri terrible.

— Du sang ! du sang ! Oh ! Jacques, il y a entre cette fille et toi un lien sanglant ; il faut la fuir, vous vous perdrez l'un par l'autre. Croyez-moi, je vous en conjure, ce n'est pas la jalousie qui m'inspire, c'est la vérité. Vous vous repentirez éternellement, si vous ne me croyez pas.

Poulailler se mit à rire ; quant à Catherine, la vivandière, elle se troubla légèrement, mais elle essaya de rire aussi.

— Ce sont des rêves, Zora, ta science est une plaisanterie. Tes prédictions s'accompliront aussi facilement les unes que les autres ; je fuirai Poulailler lorsque je le verrai en train de devenir maréchal de France. D'ici là nous avons le temps d'y penser.

Depuis cette soirée, Jacques s'occupa de Catherine, justement parce qu'on lui avait recommandé de ne pas songer à elle. Il la trouvait gentille, il le lui répéta sur tous les tons et finit par l'en convaincre. Une rivalité n'effrayait pas une fille de cette trempe. Incapable de comprendre l'amour dévoué de Zora, elle en plaisanta devant elle, elle la railla de l'infidélité de son amant.

— Si je voulais ton Poulailler, je le prendrais, mais j'ai mieux que cela, tu le sais, et le beau sergent Landry est un autre galant que ce mièvre soldat. Je suis fière de sortir avec lui le dimanche, il me donne des rubans et des nonpareilles ; il me paye des dîners et des bouteilles de bière; ton Poulailler n'a pas le sou, que me donnerait-il à la place?

— Prends garde, Catherine! répondait Zora, prends garde ! Tu pleureras bien, plus tard, ta coquetterie. Tu me fais pleurer à présent, tu le payeras au centuple.

— Prophète de malheur! tais-toi.

Ces scènes se renouvelaient souvent. Jacques ne s'occupait plus de Zora; tous ses soins, tous ses compliments étaient pour sa nouvelle passion, qui ne l'accueillait pas deux jours de suite la même chose, suivant que les cadeaux du sergent et ses attentions étaient en hausse ou en baisse.

La contradiction produisit son effet ordinaire, elle l'exalta, elle redoubla son amour. Il persécuta la vivandière avec une persistance dont

Landry s'aperçut et dont il se plaignit d'abord
assez doucement à Catherine. Celle-ci n'en fit
que rire et n'en tint compte. Landry revint à la
charge.

— Si tu ne veux pas le chasser, Catherine,
je le chasserai, moi, et nous verrons; la patience
est bien près de m'échapper.

La pauvre Zora voyait tout. Son inquiétude
n'avait pas de bornes. Jacques ne l'écoutait pas,
il la repoussait et n'avait de douceurs que pour
Catherine.

Tous les dimanches, après la revue, le sergent
Landry, en tenue de conquête, venait chercher
Catherine et lui faisait faire le tour de la promenade. Poulailler, malgré sa colère, n'avait pu
l'en empêcher; mais un samedi soir, il déclara
à Catherine que si le lendemain elle ne sortait

pas avec lui, elle serait cause d'un malheur.

— Il m'est très-difficile de me prononcer, répliqua-t-elle. Je ne veux renvoyer personne ; demain je serai prête à l'heure ordinaire, et le premier qui se présentera sera le bien venu. C'est à vous de vous presser.

Jacques ne dormit pas de la nuit : des fureurs sanglantes traversaient son cerveau ; la prédiction de Zora lui revenait à la mémoire, il se disait à lui-même qu'elle s'accomplirait sans doute le lendemain, car il était disposé à tout plutôt que de céder.

A la revue, le sergent lui parla durement : il l'examina des pieds à la tête, pour tâcher de le trouver en faute et de le consigner à la caserne. La moindre chose suffit, en pareil cas ; un bouton un peu moins clair que les autres fit l'affaire ;

5.

Jacques fut puni. Il ne répliqua pas, tout en se décidant à passer outre et à envoyer la punition... à son père.

Il rompit son ban ; à midi il était près de Catherine. Celle-ci le reçut avec son plus gracieux sourire, il était le premier!

— C'est vous qui m'emmènerez, Poulailler ; le sergent trouvera visage de bois, une honnête fille n'a que sa parole.

Au même instant le sergent parut, et, en apercevant Jacques, le sang lui monta au visage.

— Ah! soldat, s'écria-t-il, te voilà près de ma maîtresse. Tu as rompu ton ban et tu oses te présenter devant moi ; je vais te faire mettre aux fers, et nous verrons ce que les officiers diront de ta désobéissance.

— Je ne marcherai pas.

— Tu marcheras ou je te mets en poudre.
Ne m'échauffe pas les oreilles.

— Sergent, ne portez pas la main sur moi,
ou bien vous verrez ce qui arrivera.

— Tu menaces, je crois!

Il fit trois pas en avant, la canne levée. Jacques
ne l'attendit pas; plus prompt que la pensée, il
tira son sabre et le lui enfonça dans le ventre.
Ni Zora, ni Catherine, témoins toutes deux de
cette scène, ne purent arriver assez vite pour
les séparer. Le sergent tomba, baigné dans son
sang, sans proférer une plainte, tant le coup
avait été bien donné.

—Viens! sauve-toi; sauvons-nous, s'écria Zora.

Et prenant Poulailler par le bras :

— Si tu restes une seconde tu es perdu. Passons le Rhin.

Catherine s'était jetée sur le sergent pour tâcher de le rappeler à la vie; elle ne songeait pas à eux; il n'y avait pas de temps à perdre, l'instant était décisif. Poulailler n'était pas homme à s'arrêter par le remords de son crime, il suivit l'avis de Zora, s'élança dans la direction du fleuve, jeta ses habits sur la grève et le traversa à la nage, sans que personne l'en empêchât; la grève en cet endroit était déserte. Quant à Zora, lorsqu'elle le vit en sûreté sur l'autre bord, caché derrière un buisson, elle s'en alla plus loin chercher un batelier, qu'elle trouva facilement, les communications entre les deux rives étant continuelles. Il la passa, lui demanda s'il fallait l'attendre, et, comme elle lui répondit que non, il chercha d'autres pratiques.

Zora entra dans Kehl. Pour quelque argent

elle se procura des habits de paysans badois pour elle et pour Jacques. Le margraviat de Bade était un État tranquille, hospitalier, où l'on pouvait vivre à bon marché, en travaillant. Zora ne l'ignorait point; mais elle savait aussi que Jacques ne voudrait pas travailler. D'ailleurs on se méfierait de deux étrangers sans papiers, sans recommandations, et l'on ne voudrait les admettre nulle part. Elle comprit donc qu'ils allaient rentrer dans les aventures, et quelles aventures! Poulailler n'y allait pas à demi.

Elle faisait ses réflexions en allant le rejoindre derrière son buisson, où il l'attendait. Elle le trouva transi, bien qu'il ne fît pas un froid excessif, et, pour la première fois de sa vie, assez embarrassé de ses démarches. Il se consola avec un raisonnement.

— Tu me l'avais annoncé, Zora, et puisque tes prédictions se réalisent, nous allons arriver bientôt à la fortune, ne nous inquiétons pas.

Il s'habilla, elle aussi. ils jetèrent leurs habits à la rivière et, après une délibération assez longue, ils résolurent de se rendre à Fribourg, en Brisgaw. C'était la plus grande ville du voisinage, celle qui, par conséquent, leur offrait le plus de chances pour leur industrie. Ils avaient plusieurs cordes à leur arc : leurs différents métiers devaient leur servir; ils pouvaient être à leur choix ou saltimbanques, ou sorciers, ou escamoteurs.

— Allons donc à Friboug, dit Jacques, puisque tu le veux, mais je suis terriblement las de ces cascades, il est temps que la chance tourne, je t'en avertis.

Après avoir mangé à Kehl aussi tranquillement que s'il ne leur était rien arrivé, ils se
mirent en route pour le Brisgaw. C'est une des
parties les plus pittoresques de l'Allemagne,
voisine de la forêt Noire, infestée alors par des
brigands de toutes sortes. Alors la forêt Noire
n'était pas, comme aujourd'hui, une dénomina-
tion inoffensive donnée à un pays montagneux,
c'étaient réellement de grandes forêts de sapins,
noires comme l'enfer, et où les honnêtes gens
ne devaient pas s'aventurer sous peine d'y ren-
contrer des bandes de voleurs, et d'y laisser,
non-seulement leur argent, mais encore leur
vie.

Sous ce rapport, nos voyageurs n'avaient rien
à craindre, aussi avançaient-ils résolûment,
Zora prodiguant à celui qu'elle aimait les soins

de son cœur et n'en recevant en échange **que**
des brusqueries et des brutalités. Il est des sentiments que rien ne rebute.

Ils marchèrent deux jours sans aucun incident ; le soir du troisième, ils arrivèrent à une
auberge où se trouvaient déjà d'autres voyageurs en assez grand nombre. Tous buvaient
et chantaient dans la salle commune. Poulailler
et sa compagne s'emparèrent du coin le **plus**
obscur, et mangèrent tristement leur souper. **Ils**
ne se parlaient guère, le découragement commençait à s'emparer d'eux.

— Qu'as-tu, Abenhama? demanda la bohémienne, qui souvent lui conservait entre eux **ce**
nom de leurs premières amours.

— Je suis enragé contre le sort, ma fille. **Il**
ne nous a rien envoyé depuis deux jours, **et**

grâce à ce que nous nous sommes sauvés comme deux petits saints Jean, il ne nous restera bientôt plus même de l'eau à boire. Tu as mis tout notre argent dans nos habits.

— Hélas! mon pauvre Jacques, si tu n'avais pas laissé cette coquette s'emparer de ton cœur, nous serions encore heureux et tranquilles.

Ils parlaient à voix basse, en français, ne croyant être entendus ni compris de personne. Deux hommes buvaient à côté d'eux, en silence, les regardaient beaucoup, échangeaient des coups d'œil d'intelligence, quelques mots rares, en allemand ou même dans une langue inconnue; les fugitifs ne les remarquaient pas.

Peu à peu la salle se vida. Les buveurs du village rentrèrent chez eux, les voyageurs cher-

chèrent leurs lits ; il ne resta bientôt plus que
nos amoureux et leurs voisins, dont l'un s'était
approché de l'hôte, avait causé bas avec lui et
venait de reprendre sa place. Poulailler alluma
sa pipe et fuma sans rien dire. Zora appuya sa
tête sur la table et s'endormit.

Les deux hommes placés à côté d'eux se
levèrent alors et vinrent s'asseoir sur le même
banc que Jacques. Celui-ci se recula et continua
à lancer dans l'air ses spirales de fumée.

— Vous êtes sans emploi, jeune homme, lui
dit en français un des nouveaux venus.

— Qui vous l'a dit?

— Vous-même, tout à l'heure. Vous voyez que
je pouvais vous comprendre. Vous avez quelque démêlé avec la justice de votre pays, à ce
que j'ai cru comprendre, et vous ne seriez pas

fâché de trouver dans ce pays-ci une occupation lucrative. J'ai ce qu'il vous faut.

Jacques regarda l'homme avec défiance et hésita à répondre.

— Je ne vous connais pas, reprit-il enfin, et je ne puis savoir si vos offres sont sincères; vous ne me connaissez pas non plus, et vous ignorez si je suis propre à remplir l'emploi que vous m'offrez.

— Vous n'avez pas besoin de me connaître; et, quant à moi, il m'a suffi de vous voir et de vous entendre un instant pour m'assurer de votre caractère et de vos moyens. Si vous voulez me suivre, je vous conduirai dans un lieu où vous serez bien aise d'être venu.

— Avec ma compagne?

— Avec elle.

— Et si vous êtes des voleurs qui profitiez de notre isolement pour nous dépouiller, nous assassiner peut-être, vous n'aurez pas bon marché de ma vie, je vous en avertis.

— Belle dépouille! riposta l'autre en riant, elle ne vaut pas la peine de la prendre.

— La beauté vaut la peine d'être prise et Zora est belle.

— Zora est en sûreté avec nous, du moment qu'elle vous appartient. Consentez-vous?

— Quels avantages?

— Beaucoup de butin et beaucoup de peine pour l'acquérir.

Les yeux de Jacques s'animèrent.

— Des combats, des luttes, des dangers, mais toujours la récompense lorsqu'ils sont passés.

— Je comprends. Vous êtes d'honnêtes recruteurs pour les troupes de la forêt Noire.

— Justement. Nous recueillons les gentilshommes des grands chemins et nous leur offrons les mille agréments de notre existence. Il est très-rare qu'ils nous refusent; mais si cela arrive par hasard, l'hôte, notre ami, nous aide à nous en débarrasser proprement.

— Messieurs, vous me paraissez de bonne composition, j'ai grande envie d'être des vôtres. Où me conduirez-vous ?

— C'est ce que vous saurez demain matin, et ce que vous ne pourrez raconter à personne avant d'être assez engagé avec nous pour que nous ne vous craignions plus. Nous vous prenons d'abord à l'essai.

— Eh bien, c'est une affaire conclue. Je vais éveiller Zora. Elle est fatiguée et vous ne nous

mènerez pas trop loin aujourd'hui, je l'espère,
sans quoi ses forces la trahiraient.

Zora se réveilla vite ; l'habitude du danger
rendait le sommeil léger pour elle. Jacques lui
commanda de le suivre sans lui donner d'expli-
cations.

— Je ne sais pas si je pourrai, répliqua-t-
elle simplement, je me soutiens à peine.

— On vous aidera, dirent les inconnus.

Ils quittèrent l'auberge sans regarder l'hôte,
qui fit semblant de ne pas les voir, et bientôt
ils se trouvèrent sur la route, où deux autres
hommes parurent aussitôt qu'ils eurent fait entendre un coup de sifflet fort aigu.

On se mit en marche en silence ; Zora se
traînait à peine. Jacques ne la regardait point,
il pensait. Un des nouveaux venus en eut pitié et

lui tendit son bras. La pauvre fille le remercia par un mot, elle n'osa pas en dire davantage.

Ils s'enfoncèrent dans un chemin étroit et couvert, qui les conduisit à une caverne dont l'entrée, fort étroite, était dissimulée par des lianes. Ils y pénétrèrent, et l'un de leurs guides alla chercher, dans le coin le plus éloigné, des torches qu'il alluma. Des stalactites brillaient de toutes parts, c'était un coup d'œil magique. Ils ne s'amusèrent point à le considérer. Un couloir obscur se présentait à eux, ils s'y engagèrent jusqu'à ce qu'ils trouvassent une autre salle, plus spacieuse que la première, d'où partaient des éclats de rire et des chants annonçant la présence de nombreuse et joyeuse compagnie.

A leur aspect les cris redoublèrent, on les entoura, on leur souhaita la bienvenue, en allemand, en français, en italien : c'était une vraie tour de Babel, où dominait néanmoins l'argot des voleurs, la langue classique de cette respectable association.

Jacques et Zora traversèrent l'assemblée et furent conduits au chef, vieillard à barbe blanche, d'un aspect vénérable et d'un visage austère. On aurait juré un patriarche. Il les examina sans rien laisser paraître de ses impressions, pendant assez longtemps, puis il se tourna vers ses ambassadeurs, et leur fit un signe de satisfaction.

Un gros homme, qui se tenait derrière lui, s'avança et vint regarder à son tour les recrues de la nuit. A peine eut-il envisagé Poulailler, qu'il poussa une exclamation de joie.

— Ah ! quant à celui-là, messieurs, je vous le

recommande, et je vous félicite de l'acquisition.

— Tu le connais?

— Si je le connais! C'est mon ami, mon élève, celui que je pleure depuis si longtemps, dont la perte m'a jeté dans vos bras, celui dont je vous ai raconté la fuite si pittoresque et si admirable; le seul enfin qui, dans ma longue carrière, se soit trouvé plus fripon que moi.

— Jacques Poulailler? demanda le chef.

— Lui-même.

Ce furent alors des cris, des hurlements de joie; on embrassa Zora, on embrassa Jacques, on le proclama un grand homme, on le porta presque en triomphe, on poussa des hurrahs à sa gloire. Il prit le ton modeste d'un vainqueur sûr de son fait et prodigua ses services, ses compliments, ses poignées de main, jusqu'à ce

6

qu'on l'eût conduit en cérémonie à une table
fort copieusement servie, si ce n'est élégam-
ment, où on lui donna la place d'honneur.

Zora ne demandait qu'une chose, quant à
elle, c'était le repos. Cette gloire honteuse ne
l'enthousiasmait pas. Poulailler se trouvait re-
jeté de nouveau dans une carrière dont son
amour lui montrait les dangers. Ce n'était ni
le devoir, ni la conscience qui la retenaient. A
peine avait-elle la notion du bien et du mal.
Elle ne connaissait que la crainte. La justice
était son épouvantail. Le malheur et la mort de
Jacques lui semblaient certains, en se brouillant
avec elle; dès lors elle désirait qu'il restât honnête, c'était là son raisonnement,

La présence du père Esculape parmi les brigands parut de bon augure à Jacques. Il se mit

sous son égide, répondit à ses compliments par des compliments plus exagérés, et lorsqu'à la fin du repas le chef proposa de boire à sa santé, il refusa modestement, ajoutant que cet honneur n'appartenait qu'à son maître, et qu'il ne le recevrait pas en sa présence sans le rendre à celui qui l'avait formé.

Ils quittèrent la table en chancelant, ce qui n'empêcha pas le vénérable Esculape de dire tout bas à Poulailler :

— Mon garçon, ne t'y fies qu'à moitié, tu ne sais pas où tu es ; viens me voir cette nuit, tu en apprendras de belles.

III

Jacques se consulta pour savoir ce qu'il ferait. La position était difficile : il n'accordait à son ancien maître qu'une médiocre confiance ; cependant ses nouveaux hôtes, d'un autre côté, n'étaient pas non plus des parangons d'honneur. Il fallait marcher entre les deux, louvoyer, si c'était possible, et se tirer de là avec adresse, autant qu'avec bonheur.

Il alla d'abord, non pas la nuit — c'était inutile, Esculape n'étantpas en état de l'entendre —

mais le matin, à l'entrevue demandée. Il trouva le charlatan dans un compartiment de la caverne, qui lui faisait une chambre particulière; chacun des dignitaires en avait autant. Pour la canaille, elle parquait pêle-mêle dans la grande salle, et Dieu sait tout ce qui s'y passait.

Esculape, dégrisé et réveillé, se rappela parfaitement ce qu'il avait dit la veille et se montra disposé à reprendre la conversation où il l'avait laissée.

— Tu as bien fait de venir à moi, mon fils; parlons bas, écoute-moi et retiens bien ce que je te dirai, ta fortune est faite.

— J'écoute.

— Je puis me fier à toi?

— En doutez-vous?

— Il est certain que, d'après ton adieu, je

6.

dois être certain de ton mérite, et je compte sur
la même reconnaisance. Tu as vu le chef, Melchior?

— Oui.

— Il est bien vieux, n'est-ce pas? Il radote.
Ceux qui sont après lui n'en veulent plus, mais
ils n'osent pas s'en défaire, parce que la troupe
lui est dévouée. Ils sont donc venus me faire
des propositions.

— A vous?

— A moi. Je les avais refusées, je vais les
accepter. Non pas pour moi, les soucis du gouvernement ne me tentent point; à mon âge, il
faut les invalides. Au tien, on est ambitieux;
avant huit jours, si tu le veux, tu seras chef
de ces bandes, et maître des trésors immenses
qu'elles possèdent.

— Que faut-il faire pour cela?

— Pendant ces huit jours sortir chaque soir avec eux, te montrer des premiers, ne craindre ni le péril ni la fatigue, mériter leur admiration enfin, et tu es sûr de les tenir au moment décisif.

— Et le chef?

— Le chef. Avec une goutte de mon élixir de longue vie, il s'en ira tout doucement. Sa mort semblera naturelle; on lui nommera un successeur, il dépend de toi d'être choisi. Cela te convient-il?

— Morbleu! vous avez raison.

— Va, mon enfant, vole, pille, assassine, sois cruel, ne te laisse attendrir ni par les larmes, ni par les prières, fais-toi craindre enfin, ils te proclameront un héros, et je te garantis le succès.

L'avertissement sembla à Jacques digne d'attention; il ne s'ouvrit cependant pas complétement à son maître et se réserva le droit de choisir, si d'autres propositions lui étaient faites.

Pendant cette première journée on s'observa. Le soir, lorsqu'on partit pour une expédition, Poulailler demanda à faire ses preuves. Le chef, à qui il avait plu, lui en accorda la permission, et lui recommanda de faire des prouesses, afin de se faire bien venir.

— Soyez tranquille, répondit-il, vous verrez.

On rentra fort tard, avec un butin considérable et pas de prisonniers. Poulailler avait tué de sa propre main deux seigneurs qui faisaient résistance; il avait attaché à des arbres, sur la route, des femmes et des moines, après les avoir dépouillés, sans s'occuper de leurs cris; enfin, à lui tout seul, il avait accompli plus de besogne que tous les autres ensemble. On chantait ses louanges, sa hardiesse, son coup d'œil sûr, on le proclamait le héros des voleurs passés, présents et futurs.

Esculape approuvait du bonnet; le chef le félicita. On lui fit une large part, on lui désigna une grotte retirée, où déjà Zora s'était établie; il eut dès le lendemain de son noviciat les distinctions et les avantages d'un chef.

La valeur et l'enthousiasme qu'il inspirait allèrent chaque jour en augmentant. Les plus hardis disaient tout haut :

— Voilà le chef qu'il nous faudrait. Qu'on l'associe au vieux Melchior. L'un serait bon pour le conseil, l'autre pour l'exécution, la chose serait complète.

Les brigands de la forêt Noire étaient une puissance contre laquelle les troupes du margrave n'osaient guère s'aventurer ; ils le savaient et en abusaient largement. De temps en temps, lorsque la clameur publique était trop forte, quelques malheureux soldats paraissaient dans leurs domaines. C'était entre eux une sorte de convention tacite. Ils ne s'attaquaient point : les voleurs se cachaient, les soldats se promenaient dans les sentiers sans chercher plus loin. Ils sortaient de là triomphants, assurant qu'ils avaient tout balayé devant eux, que désormais le pays serait tranquille ; il fallait bien se contenter de cette assurance, et personne ne bougeait.

Les voleurs, de leur côté, y mettaient de la politesse, ils ne paraissaient pas de deux ou de

trois semaines ; on reprenait de l'espérance, on
était tranquille, on se félicitait, jusqu'à ce
qu'une belle nuit quelque ferme pillée, quelque
château incendié, annonçassent le retour de ces
terribles voisins, et répandissent de nouveau la
terreur.

Poulailler fut bientôt au fait de tout cela. Il se
permit de blâmer ces complaisances, il remontra
à ses camarades que de la sorte ils ne sorti-
raient jamais de leur routine, qu'ils n'étaient que
des voleurs vulgaires, tandis qu'ils pouvaient
traiter avec le gouvernement de puissance à
puissance. Il fut d'avis de ne pas ménager les
soldats, de ne pas se faire les complices d'une
lâcheté qui déshonorait l'uniforme, et de combattre loyalement leurs adversaires.

Cette chevalerie du brigandage leur était

inconnue, bien entendu, elle les enthousiasma.
Le vieux Melchior secouait la tête. Il annonçait
des malheurs par ces innovations des anciens
usages, assurant qu'il valait mieux vivre en paix
avec ses voisins que de se jeter sur les bras
toutes les forces de l'Allemagne.

— Nous serons les maîtres, les dominateurs
de la contrée, répondait Jacques avec le feu,
l'exaltation de la jeunesse, on nous respectera
en nous craignant, tandis qu'aujourd'hui on
nous méprise. Ce que c'est que la prévention!
Alexandre, qui volait des royaumes, était un
héros, un conquérant, tandis que nous qui
volons le trésor du margrave, un peu celui des
particuliers, on nous traite de bandits et de
scélérats! Réformons ces erreurs et forçons le
monde à nous estimer ce que nous valons.

Poulailler eut, au bout de bien peu de temps, un parti considérable, sans aucune intrigue, sans avoir rien fait pour y arriver. Esculape jouissait de son ouvrage. Il attendait le signal de son jeune ami pour administrer la dose voulue au vieux Melchior. Jacques était trop adroit pour agir ainsi.

Lorsqu'il fut bien sûr de son fait, lorsqu'il ne craignit plus aucun de ses rivaux dans l'esprit de la multitude, il alla un soir auprès du lit de Melchior, et commanda qu'on les laissât seuls ensemble. Le vieillard lui adressa quelques douces paroles, auxquelles il ne répondit point ; il semblait perdu dans ses réflexions. Tout à coup il leva la tête :

— Melchior, dit-il êtes-vous préparé à mourir ?

7

— Pourquoi me faites-vous cette question ?

— Parce que, si je le veux, dans une demi-heure vous n'existerez plus.

Le chef porta sur lui ses yeux presque éteints.

— Ingrat ! murmura-t-il.

— Vous m'avez mal compris. J'ai dit que si je voulais vous n'existeriez plus, mais je n'ai pas dit que je le voulais.

— Explique-toi donc alors.

— Il existe depuis longtemps un complot pour vous assassiner ; avant mon arrivée c'était une question résolue, et si dix ambitions rivales ne s'étaient pas agitées autour de vous, je ne vous aurais plus trouvé à votre place.

— Ton arrivée, ta supériorité les ont mis d'accord.

— Sans doute, pour me craindre et pour me

détester. Ils ne m'en offrent pas moins de vous empoisonner à mon profit, sauf à ourdir quelque machination pour se débarrasser de moi ensuite; il est vrai que ce n'est pas facile.

— Enfin que comptes-tu faire de moi?

— Mon conseil et mon père. Ce pouvoir, que l'on compte vous arracher avec la vie, moi je désire le tenir de vous; moi je veux être votre successeur, choisi et nommé par vous-même, et malheur à qui toucherait à un de vos cheveux blancs; je saurai bien les défendre.

— Tu es un brave cœur, Poulailler; demain matin, c'est moi qui te proclamerai à ma place, c'est moi qui te remettrai le commandement de cette troupe, si difficile à conduire; bien que tu sois le plus jeune d'entre eux, tu en es le plus fort, et cette puissance te revient de droit.

D'ici là, si tu désires réellement me sauver, ne me quitte pas, car peut-être ils nous ont entendus, peut-être sont-ils à épier ton départ pour m'arracher ce peu de vie qui me reste. Je ne crains pas la mort, que j'ai affrontée tant de fois, je ne redoute que la trahison, je ne redoute que le triomphe de mes ennemis, que j'écraserai demain avec tant de bonheur, par ta magnanime influence.

Jacques comprit combien Melchior avait deviné juste, lorsqu'en soulevant doucement le rideau, il aperçut deux ou trois des plus considérables de la bande, tapis contre le rocher et écoutant.

— Je resterai près de vous, Melchior, répondit-il, en élevant la voix, je dormirai dans votre lit, ou plutôt je veillerai sur votre sommeil. On pourrait nous surprendre, les traîtres sont capables de toutes les lâchetés. N'ayez pas d'inquiétudes, mes yeux ne se fermeront pas. J'ai de vastes pensées dans l'esprit.

N'eût-on pas dit entendre le maître d'un grand empire, se recueillant pour préparer ses immenses desseins et s'étudiant à dominer le monde?

Cette résolution de Jacques fit fuir les écouteurs aux portes; ils savaient avec quelle volonté il tenait à ses projets, et pas un d'eux n'eût osé affronter sa résolution. Le vieillard s'endormit sous sa garde, et dès le lever du jour, qui n'arrivait jamais dans ces cavernes, Poulailler se montra dans la salle commune, pour convoquer la troupe entière. Il avait laissé Melchior sous la garde d'Esculape et de Zora.

Lorsque tout le monde fut réuni, Jacques alla

chercher Melchior et le conduisit au milieu de
l'assemblée, en le soutenant comme le fils le
plus tendre. Bien des regards étincelaient, bien
des cœurs battaient, bien des mains caressaient
leurs poignards, lorsqu'ils passèrent ensemble
devant le front de la troupe. Le vieux chef
rayonnait.

On lui apporta un siége, il s'y plaça et commença un discours plein de modération et d'a-
dresse : les voleurs sont un peuple très-difficile à
gouverner. Ils ont, de plus que les autres peuples, une défiance légitime de leurs *dirigeants*
qui les rend d'une susceptibilité que rien ne
peut guérir. Après avoir énuméré ses propres
services et ses *vertus,* Melchior exalta celles de
Poulailler; il le représenta comme une espèce
de Messie envoyé aux bandits pour leur rendre

leur place au soleil, et les tirer de l'oppression où ils gémissaient depuis si longtemps. Il leur promit un avenir de gloire et d'argent sous un pareil maître, et termina par une magnifique péroraison où il se démettait en sa faveur de sa dignité et de son pouvoir, et où il enjoignait à ses sujets de lui obéir, de l'aimer, de le suivre, comme ils l'avaient fait pour lui-même depuis quarante ans.

Il y eut bien quelques murmures, couverts par les acclamations de joie de la foule. Jacques fut proclamé chef souverain, et dès le même jour il inaugura son règne par la promulgation de lois les plus sages et les plus productives pour les intérêts de la société.

Chaque jour, ou plutôt chaque nuit, on ferait une expédition.

On prendrait les riches, après les avoir déva-
lisés, on les amènerait dans le souterrain et on
les mettrait à rançon; faute d'en fournir une
suffisante, ils seraient massacrés impitoyable-
ment, sans distinction de sexe ni d'âge.

Au lieu de fraterniser par des égards et des
ménagements réciproques avec les soldats du
margrave, on les détruirait jusqu'au dernier,
lorsqu'ils auraient l'audace de se présenter dans
les forêts, domaine féodal de la bande organisée
de père en fils depuis tant de siècles, que c'était
absolument le cas d'appliquer l'adage : *Possession vaut titre.*

Quant aux pauvres, aux paysans, aux gens sans
aveu, il ne leur serait rien pris, rien demandé;
ils traverseraient, selon leurs besoins ou leurs
fantaisies, le royaume de Sa Majesté Poulailler,

sans avoir rien à craindre de sa justice. *Guerre aux châteaux, paix aux chaumières !* telle est la devise des révolutionnaires et des voleurs, attendu qu'où il n'y a rien à prendre, ces messieurs ont la magnanimité de ne rien exiger.

Ce code, annoncé à grands renforts de périphrases par Esculape, le roi de la réclame, produisit un effet merveilleux. On vit des trésors rouler dans l'escarcelle du chef et par conséquent dans celle de ses soldats. Quand la nuit fut arrivée, on partit pour l'expédition avec un enthousiasme digne d'une meilleure cause. Les prises furent médiocres, on ne s'aventurait guère la nuit dans ces parages.

Poulailler décida qu'on sortirait le jour. Il alla lui-même, bien déguisé, reconnaître le pays, examiner la stratégie de la grande route. D'un

11.

coup d'œil sûr et prompt, il désigna les lieux
propres aux embuscades; il divisa sa troupe en
compagnies, commandées par des officiers su-
balternes, auxquels il fixa d'avance leurs attri-
butions et le rôle qu'ils auraient à remplir.

Ces dispositions prises, il réunit encore une
fois l'assemblée et lui annonça des arrange-
ments nouveaux. Il n'appartenait qu'aux lâches
de se cacher. Ils n'étaient pas des voleurs vulgaires, mais des redresseurs de torts, des dis-
pensateurs des biens donnés par la Providence.
Ils voulaient prendre aux riches, au gouvernement d'abord, le premier riche, pour donner
aux déshérités de la fortune, qu'ils appelaient
tous à eux, auxquels leurs bras étaient ouverts.
Ils défendaient la cause des opprimés et des
misérables; c'était une trop belle mission pour

la cacher dans l'ombre. Ils se produiraient désormais au soleil, et leurs exploits étonneraient le monde, accoutumé à voir dans leur profession des gens de sac et de corde et non des vengeurs de l'innocence.

Avec de semblables paroles on conduirait les masses à la bouche d'un canon. Poulailler devint un dieu pour ses compagnons, surtout lorsque après deux ou trois sorties ils revinrent avec un butin considérable, avec des prisonniers qui se rachetèrent à beaux deniers comptants et de jolies filles qui ne se rachetèrent pas.

La terreur se répandit à vingt lieues à la ronde; le nom de Poulailler retentit comme une cloche d'alarme jusque dans les conseils du margrave. Un bataillon envoyé contre lui fut massacré; il n'en revint qu'un seul, député par

le terrible chef, pour signifier aux magistrats
que tous ceux qui paraîtraient dans la forêt Noire
auraient le même sort. Cet officier fit un tableau
épouvantable de cette troupe, maintenant organisée sous un général si redoutable et si intelligent. Il raconta leur nombre, leurs richesses, leur témérité ; et comme on l'interrogea
sur les moyens de la détruire, il répondit qu'il
n'en voyait aucun, si ce n'est une armée nombreuse et des canons. Encore ne voudrait-il pas
jurer qu'ils dussent réussir.

— Tant que cet homme sera à leur tête, il
ne faut pas espérer les soumettre. Tous les efforts, toutes les combinaisons doivent se réunir,
tout est là.

Après de mûres délibérations, on proclama,
on afficha partout une amnistie générale pour

tous les bandits, plus une prime considérable à
condition qu'ils livreraient leur chef, dont la
tête fut mise au prix de vingt mille florins.
C'était beaucoup risquer, avec de grandes
chances de réussite ; parmi tant de gens de sac
et de corde, il n'en fallait qu'un seul plus hardi
et plus scélérat que les autres, pour dénoncer
un homme dont la puissance et la renommée
faisaient tant de jaloux.

Poulailler le sentit bien vite. Il proclama à
son tour que celui qui le vendrait payerait de sa
vie sa trahison ; que ses amis en avaient fait le
serment et que rien ne le sauverait de leur vengeance, ils iraient le chercher jusque dans les
entrailles de la terre. Il offrait à son tour une
prime de quarante mille florins à celui qui tue-
rait son dénonciateur.

L'instinct et la crainte aidant, personne ne bougea. Au contraire : ils se surveillaient les uns les autres, dans l'espoir de gagner la prime annoncée par leur chef. Si Esculape et tous les charlatans ses confrères avaient inventé la réclame, Poulailler inventa indubitablement l'assurance de l'association.

Les choses restèrent en cet état pendant fort longtemps, les brigands continuant à lever la dîme, les voyageurs continuant de trembler et le gouvernement continuant de délibérer sans rien faire. C'était à qui ne traverserait pas cette terrible forêt Noire. Il fallait des affaires indispensables pour s'y aventurer, et encore ne s'y montrait-on guère que les mains vides. Des étrangers seulement passaient par cette route; encore bien souvent, lorsqu'ils entendaient les terribles récits des voisins, ils rebroussaient chemin et faisaient même un long détour pour l'éviter.

Les recettes diminuaient : on commençait à murmurer. Les mécontents rappelaient adroitement l'ancien ordre de choses, où les revenus, s'ils étaient moins brillants, moins glorieux, étaient plus sûrs et continuels. On n'avait pas de *morte saison* alors, on travaillait toujours. Poulailler n'eut pas besoin d'être averti, il devina; et son génie lui suggéra une combinaison nouvelle.

Au lieu de s'astreindre aux mêmes lieux, de rester dans des limites dont la terreur éloignait les chalands, il résolut d'être partout à la fois, de transporter son *commerce* en même temps sur deux ou trois points à la fois, de tomber en

même temps de différents côtés où on était loin
de l'attendre ; et pour sauver sa retraite, il
imagina un système de télégraphie et de signaux
inconnu à ses prédécesseurs. C'était décidément
un grand inventeur que Poulailler.

Il fut compris par ses gens, en qui le génie
du mal semblait s'être incarné; on lui obéit
avec promptitude et intelligence. Le pays désolé
apprit un beau matin que les brigands ne se
renfermaient plus dans leurs limites, qu'ils se
répandaient partout et qu'il n'était pas un sentier
où l'on ne fût exposé à s'entendre demander
poliment :

— La bourse ou la vie.

Ce fut une désolation générale, des plaintes
et des réclamations arrivèrent de toutes parts
au gouvernement du margrave, on présenta des

pétitions au margrave lui-même. Poulailler avait eu l'audace de publier qu'il le craignait si peu, qu'il le ferait enlever au premier jour en son propre palais pour en tirer une rançon. On réunit des régiments, on les envoya dans la forêt Noire, ils explorèrent jusqu'au dernier buisson. D'abord les ennemis firent les morts, afin de leur donner confiance et de les laisser s'engager dans leurs défilés et leurs routes tortueuses, et quand ils furent certains de les tenir, une multitude furieuse tomba sur eux de tous les arbres, de toutes les cimes, et les massacra, après leur avoir arraché leurs armes et les avoir mis dans l'impossibilité de se servir de leurs canons, dont ils s'emparèrent.

Une autre fois l'État fut plus heureux, ses soldats ne se firent pas battre ainsi, on prit quelques voleurs, on en tua un assez grand nombre, on chanta victoire; mais, quelques semaines après, la troupe avait réparé ses pertes; elle s'était remise en campagne et dominait la contrée avec plus d'arrogance que jamais.

On était à bout de moyens : les conseillers auliques jetaient leurs perruques par-dessus les moulins, on ne savait plus de quel bois faire flèche. Un dieu, plus puissant que le diable, dont il est cependant proche parent et ami inséparable, vint à leur secours et les débarrassa de leur ennemi plus vite et plus sûrement que les plus savantes combinaisons ne l'auraient pu faire.

La pauvre Zora, au milieu de ces triomphes et de ces succès, avait été bien négligée. A peine si elle obtenait un instant, un regard; à peine si le maître daignait se rappeler son existence, bien que ses soins et son dévouement fussent toujours les mêmes. Elle pleurait en silence, elle passait ses jours et ses nuits à surveiller les ennemis de Poulailler. Elle dormait à sa porte, lorsqu'il ne lui permettait pas de rester auprès de lui; mais, hélas! elle n'était plus pour cet homme, qu'elle adorait toujours, qu'une servante, dont l'amour ne se présentait à sa mémoire que comme un souvenir importun. Elle s'y était soumise, non sans murmurer, elle s'était même soumise à accepter des rivales; elle endurait tout, elle acceptait tout, pourvu que Jacques lui permît de le voir, de se dévouer, d'attendre le jour où il aurait besoin de ce dévouement, où les autres l'abandonneraient, où elle lui resterait seule. Dans une existence telle que la sienne, ce jour devait arriver tôt ou tard.

On avait saccagé tous les environs de la forêt Noire, il fallait laisser reposer un peu les contribuables et se porter sur des endroits plus *fructueux*. Après avoir compulsé les notes, entendu les experts, on se décida pour les environs de Manheim. Beaucoup de familles riches, beaucoup de seigneurs y avaient des châteaux, il s'y faisait un grand mouvement de voyageurs, c'était une route très-favorable et encore inexploitée. La troupe partit par petits groupes, quelques-uns même, les plus sûrs, s'en allèrent tout seuls, afin de ne pas attirer l'attention. Ils employaient toutes sortes de déguisements, et parvinrent à se réunir au lieu désigné, sans avoir éveillé de soupçons.

Ils avaient choisi pour le théâtre de leurs exploits une sorte de montagne en cône, suivie d'un défilé étroit, entouré de bois touffus, où rien n'était plus facile que de se cacher. L'embuscade fut dressée la nuit; on attendit la pratique. Poulailler seul, vêtu en gentilhomme, et dont l'habit rehaussait la bonne mine, se tint sur les limites et se montra même, au besoin, sans rien craindre, sous ses habits galonnés et sa perruque à la brigadière.

Il était depuis quelques instants au sommet de la côte, lorsqu'il entendit parler auprès de lui. Des voix fraîches et jeunes lui révélèrent de jeunes et belles personnes, il n'était pas homme à perdre l'occasion de s'en assurer. Il s'avança de ce côté et bientôt se trouva en face de deux admirables créatures, dont l'une surtout était belle comme les Grâces et souriait au soleil en montrant ses dents de perles. Poulailler n'était pas timide, il n'hésita pas à les aborder.

— Comment! vous êtes seules, mesdemoiselles? dans un pays comme celui-ci, que l'on dit infesté de brigands? Permettez-moi de vous accompagner.

— Vous vous trompez, monsieur, répliqua la belle fille, ce pays est parfaitement sûr; c'est la forêt Noire où l'on ne saurait voyager sans péril. Ici on n'a jamais entendu parler de brigands. D'ailleurs nous ne sommes pas seules, notre carrosse et nos gens nous suivent, vous pouvez entendre le bruit des roues. Les filles du baron de Kirbergen ne courent point les grands chemins en aventurières et n'ont besoin de la protection de personne; je vous remercie, monsieur.

Le costume et les façons des jeunes filles annonçaient en effet un haut rang dans le monde, et cette fière réponse ne fit qu'enflammer davantage l'amoureux scélérat. Amoureux il l'était déjà, il ne lui en fallait pas davantage. Cette nature s'enflammait vite, pour l'amour et pour le danger.

— Cependant, mademoiselle, vous me permettrez bien de vous faire observer qu'il n'est pas prudent de sortir de chez vous en si petit équipage, on ne sait ce qui peut arriver. Mes manières vous semblent hors de saison peut-être, mais je suis un étranger, j'ai parcouru bien des pays, sans avoir rencontré une beauté aussi splendide que la vôtre. J'en suis ébloui et je me retire pour que ses rayons me laissent le peu de raison qui me restera désormais.

Ce compliment, digne de Mascarille, était assez dans l'esprit du temps, en Allemagne surtout, où le pathos et les grandes phrases manquent rarement leur effet. Poulailler l'appuya d'un salut dans le genre de ceux qu'il faisait jadis au public avant de commencer ses exercices, et rentra dans le fourré du bois; il voulait avant tout sauver ces beautés du sort qui les menaçait indubitablement. En quelques minutes il fut près de ses gens, l'amour lui donnait des ailes.

— Il va passer un carrosse tout à l'heure, dit-il, vous ne l'attaquerez pas, vous le respecterez; ce sont de mes amis.

— Cependant, capitaine, nous n'avons pas fait tant de chemin pour nous en retourner les mains vides, et nos statuts, ceux que vous avez institués vous-même, nous défendent d'épargner qui que ce soit.

— Les lois que j'ai faites, je puis les défaire apparemment, d'ailleurs vous n'y perdrez rien. Je prends le butin de ce carrosse pour ma part de la journée, je vous abandonne le reste, sans y rien prétendre ; vous n'aurez pas à vous plaindre, j'imagine.

Après une discussion assez vive, les brigands cédèrent enfin. Il était temps ; le carrosse approchait, on entendait les pas des chevaux, les voix des laquais et les éclats de rire des jeunes filles, qui, la tête passée à la portière, cherchaient peut-être le galant étranger, disparu d'une façon si subite. Elles passaient à côté de la mort et elles étaient loin de s'en douter, les rieuses.

8

— Je comprends à présent pourquoi le capitaine a payé si cher leur rançon, dit un vieux *praticien* de grande route, il saura se faire rembourser intérêts et capital. Tudieu! la belle blonde!

La réputation de galanterie du chef était assez bien établie pour que l'étonnement cessât. La journée fut bonne; les voyageurs, sans défiance, abondaient, et la nuit on revint à la caverne avec le gain le plus considérable qu'on eût réalisé depuis longtemps.

Mais Poulailler emportait dans son cœur un trait mortel, il n'avait plus qu'une pensée : revoir mademoiselle de Kirbergen, se faire aimer d'elle et l'enlever à son père, à sa famille, à ses amis. C'était une entreprise difficile, par conséquent digne de lui; il chercha dans son

imagination le moyen de réussir, et bientôt il se
flatta de l'avoir trouvé.

Parmi les dépouilles de ses victimes, ou de
ses prisonniers, il découvrit des papiers fort en
règle, appartenant à un certain seigneur Petrucci, descendant des ducs de Sienne, de la
plus haute noblesse par conséquent et se rendant à Vienne, où il était chargé d'une mission
diplomatique auprès de l'empereur. Ce seigneur
avait des lettres de recommandation pour plusieurs gentilshommes de la cour du margrave,
entre autres pour le baron de Kirbergen. Le
portefeuille contenait assez de renseignements
sur la position, l'âge, la fortune de l'Italien,
pour que Jacques, avec un peu d'adresse et de
bonheur, pût jouer le rôle de cet envoyé et en
recueillir les fruits qu'il désirait.

Ce premier point réglé, le reste coulait de source. Il fit venir Esculape et ses amis les plus sûrs : il leur apprit qu'il allait s'absenter pour un temps dont il ne pouvait déterminer la durée, et cela dans les intérêts de la bande. Il nourrissait un dessein, dont il ne pouvait leur faire part encore, et qui serait à la plus grande gloire et au plus grand profit de tous, lorsqu'il aurait préparé ses mesures. On ne murmura point : on lui promit que tout marcherait comme sous sa direction ; il leur confia son autorité et partit tranquille, enchanté, plein de joie et d'espérances flatteuses.

Zora, seule, essaya quelques observations. Elle le supplia de l'emmener en habit de page, ainsi qu'il avait fait déjà ; elle se montra inquiète, alarmée, lui répéta que les présages étaient mauvais, qu'il avait tout à craindre, et que s'il refusait de l'entendre, il s'en repentirait.

— Nous ne nous reverrons plus, j'en suis sûre, lui dit-elle, et tu es perdu.

Il n'écouta rien et partit. La bohémienne, au désespoir, n'écoutant que ses craintes et sa jalousie, se déguisa et le suivit de loin, si finement qu'il ne la devina pas. Transformée en paysan du pays, elle marcha avec un bâton sur l'épaule et un petit paquet de hardes. Lorsque Poulailler se déguisa en grand seigneur et emprunta un équipage à la ville voisine, sous prétexte qu'il avait été dépouillé par des voleurs, elle acheta un cheval, et le suivit encore, l'argent ne lui manquait pas. Elle le vit arriver à Manheim, s'affubler d'habits magnifiques, louer des laquais, et lorsqu'elle demanda son nom, on

8.

lui répondit que c'était le comte Petrucci, un
grand seigneur, immensément riche, généreux
comme un prince, qui se rendait à Vienne, de
la part de son souverain, et qui se plaignait à
tous les échos du fameux Poulailler, lequel
l'avait dévalisé, sauf un portefeuille renfermant
d'immenses valeurs, qu'il avait pu sauver, en le
jetant sans être aperçu derrière un buisson, où
il avait pu le reprendre lorsque la bande s'était
éloignée.

Ce conte, assez invraisemblable, était revêtu
de tant de circonstances, de tant de détails, il
était appuyé par tant de preuves, par des papiers
si authentiques, surtout par des écus si bien
roulants qu'on ne se permit pas de le discuter.
Jacques eut assez de pouvoir sur lui-même pour
retarder sa visite au baron jusqu'à ce qu'il eût

établi son identité d'une façon incontestable.
Enfin il se mit en route pour le château de Kirbergen, précédé d'une réputation colossale de
magnificence et de savoir-vivre. Les dispositions
ne pouvaient donc être meilleures, et il fut encore mieux accueilli lorsqu'on reconnut en lui
le chevalier courtois de la grande route, dont on
ne s'était plus moqué, en apprenant les affreux
événements arrivés ce jour-là au même endroit,
événements qu'il confirma en racontant qu'il
avait été lui-même une des victimes.

La plus jeune des demoiselles de Kirbergen,
Wilhelmine, était la belle blonde dont il était
épris; ce fut elle aussi qui s'intéressa davantage
à ses aventures, qui le plaignit, qui le consola par
des phrases pleines de sympathie et de promesses,
et qui acheva de lui tourner tout à fait la tête.

Mesdemoiselles de Kirbergen virent en M. le comte Petrucci un parti excellent; leur père et elles se flattèrent qu'il s'attacherait à Wilhelmine, qu'il lui offrirait sa main et sa fortune et qu'elle deviendrait ainsi une des grandes dame, de la Toscane. Ce n'était pas tout à fait son compte. Il voulait plaire, il voulait aimer, être aimé; mais, quant au mariage, il n'y songeait en aucune façon, on le conçoit. Il ne prit donc point la voie des négociations et parla tout directement de sa flamme à la demoiselle, qui se garda de le rudoyer, quand il étala une de ces passions indomptables qui renversent les obstacles et qui ne connaissent ni prudence ni raison.

Il afficha de plus la prétention d'être aimé pour lui-même, sans arrière-pensée, sans désir d'ambition ou de fortune.

— Je n'épouserai jamais, ajoutait-il, une femme qui n'aurait pas en moi toute confiance, qui ne me ferait pas, par l'amour qu'elle me porterait, un abandon complet de sa personne et de sa volonté.

— C'est apparemment la mode en Italie, se disait Wilhelmine.

Elle en vint à suivre cette mode-là et sans se faire trop prier. De quoi M. le baron de Kirbergen ne se douta pas, non plus que sa fille aînée. Les amants parvinrent à se cacher si bien qu'on ne les soupçonna pas, excepté un pauvre cœur qui souffrait, qui pleurait toutes ses larmes en silence, attendant, espérant toujours que son moment arriverait.

Zora, cachée aux environs, était parvenue à s'introduire au château, en flattant les domesti ques, en soignant les animaux, en rendant à chacun ces petits services qui se payent en complaisances. Elle vit même les jeunes baronnes, tout en ayant l'adresse d'éviter Poulailler. Elle sut bientôt la vérité, elle qui n'avait pas d'autre pensée que celle-là, et, comme toujours, elle sacrifia son bonheur à celui de Jacques ; elle ne se plaignit pas, elle veilla sur lui. Ce rôle d'ange gardien séduit toutes les grandes âmes, et les grandes âmes restent grandes même après leur chute, elles se relèvent alors par le dévouement ou par le repentir.

M. de Kirbergen, tout en appréciant l'esprit, la magnificence du signor Petrucci, ses manières de grand seigneur, un peu originales cependant, trouvait qu'il tardait bien à déclarer ses intentions. Il le mit plusieurs fois sur la voie ; le

comte ne recula pas, sans rien annoncer de positif. Il fallait pourtant le faire expliquer, il
voulut charger Wilhelmine de ce soin. Celle-ci
répondit qu'il n'était pas nécessaire.

— Nous sommes parfaitement d'accord, tout
est arrangé entre nous, mon père, soyez tranquille, je serai bientôt madame la comtesse.
Votre fille est bien heureuse, ne lui demandez
rien de plus.

Le baron se contenta de la réponse; dès que
la fiancée était satisfaite, il n'y avait rien à désirer de plus. Malheureusement mesdemoiselles
de Kirbergen n'avaient pas de mère, elle eût
demandé d'autres certitudes que celles-là.

Pour faire honneur à son hôte, pour montrer son gendre futur, M. de Kirbergen donna
une grande fête, où furent conviés tous les envi-

rons. On y vint en masque, avec de magnifiques costumes de caractère. Parmi ceux-ci on remarqua tout d'abord une bohémienne, dont la tournure leste et dégagée contrastait avec les sombres prédictions qu'elle adressait à ses consultants. Poulailler, vêtu en seigneur de la cour de Louis XIV, couvert de joyaux précieux, voulut comme les autres connaître sa bonne fortune. Il se souvenait de son ancien métier et comptait bien donner une leçon au lieu de recevoir un avertissement. Au premier coup d'œil il reconnut Zora; son sourcil se fronça et son premier regard la menaça de sa colère. Sous prétexte de consulter l'oracle , il la conduisit à l'écart.

— Qui t'a donné la hardiesse de te présenter ici? lui demanda-t-il. Comment as-tu pu savoir où je me trouvais? Je te châtierai si bien que tu perdras l'envie de m'espionner.

— Abenhama, répliqua-t-elle tristement, je ne crains ni tes châtiments, ni ta colère. Je suis venue te chercher ici, parce que ta sûreté l'exigeait, je ne troublerai ni tes plaisirs ni tes projets, sois tranquille. Esculape a su par ses espions quel nom tu portais, où tu habitais, et il m'envoie te prévenir que le vrai Petrucci, laissé pour mort après le pillage de son carrosse et la belle défense qu'il avait faite, est très-vivant et qu'il a reparu à Manheim. Il est resté tout ce temps entre la vie et la mort, dans un couvent de moines, qui l'ont trouvé sur la grande route, qui l'ont secouru et emporté dans leur monastère. Il jette feu et flamme, il a écrit chez lui pour qu'on lui renvoyât de l'argent et des preuves de son identité; il aura l'un et l'autre, ce n'est pas douteux, et alors...

— Alors je serai loin, peu m'importe! j'aurai atteint mon but, je ne le craindrai plus, je lui céderai la place.

— Sans doute, mais tu ne sais pas tout; il est personnellement connu de l'ambassadeur de Toscane, et celui-ci répète à tout venant que tu es un imposteur, que celui-là est le véritable Petrucci. Les commentaires commencent à fermenter à Manheim, quelques personnes influentes que ton luxe a blessées peut-être, sont ébranlées; prends garde, Abenhama, hâte-toi, la justice arrive tôt ou tard.

— Tu crains tout, Zora.

— Je t'aime et je vois ce que tu ignores. Il est temps aussi de retourner à la forêt Noire. Tes

ennemis travaillent sourdement; on commence
à trouver ton absence longue; on murmure, on
dit que tu négliges les intérêts de la troupe
pour t'occuper de tes plaisirs. Je tremble que la
trahison...

— Ils n'oseront pas, ma pauvre fille.

Ce mot est celui de tous les ambitieux par-
venus au faîte de leurs espérances, ils voient
leurs ennemis de si haut qu'ils les oublient et
les méprisent, et presque tous ils sont victimes
de cet insouciant dédain.

Zora parla longtemps encore, il l'écouta avec
attention, sans lui répondre. Il calculait le temps
écoulé et celui qui lui restait encore pour fuir.
A cette époque les communications étaient
lentes; il fallait des semaines pour qu'une lettre
d'Allemagne arrivât en Italie. Le comte était à

peine depuis quinze jours à Manheim ; il avait
le temps. Cette certitude illumina son visage
d'un sourire que la jalouse Wilhelmine inter-
préta suivant sa jalousie. Depuis un instant elle
l'observait, et cette longue conférence avec une
inconnue l'inquiétait fort. Elle s'approcha.

— On vous fait donc des prédictions bien
importantes, monsieur le comte, dit-elle.

— Ce sont des folies, mademoiselle, elles ne
valent pas la peine de vous occuper.

— Ces folies sont graves, mademoiselle, reprit
Zora, et, si vous aimez le comte, vous le forcerez
d'y faire attention.

— Qui vous a dit que j'aimais le comte ?

— Mon art.

— Et que vous a-t-il appris encore ?

— Qu'une grande catastrophe vous menace

tous les deux, et que, si vous n'y prenez garde,
vous aurez sujet de vous en repentir amèrement.

— Vous êtes folle, ma pauvre sorcière, répliqua la baronne avec mépris.

En ce moment même les deux battants de la
porte s'ouvrirent, et un valet annonça avec emphase :

— M. le comte Petrucci!

XI

Ce nom retentit dans les salons et se répéta dans toutes les bouches. Poulailler, malgré son assurance, devint pâle comme un linge. Zora se rapprocha de lui comme pour le défendre; Wilhelmine jeta un cri de désespoir.

— Le comte Petrucci! s'écria-t-elle, un de vos parents sans doute?

— Je ne sais, balbutia Jacques, pris au dépourvu.

Pendant ce temps le comte s'approchait de M. Kirbergen, et le saluait avec une gravité résolue.

— Monsieur, je n'ai pas l'honneur d'être connu de vous, bien que je vienne réclamer une explication sérieuse, je vous prie de vouloir bien m'entendre.

— Je suis à vos ordres, monsieur; vous plaît-il de passer dans mon cabinet?

— Non, monsieur, non; c'est ici, c'est devant tout le monde que cette explication doit avoir lieu, et je la réclame sur-le-champ. J'ai exprès choisi ce jour, où vous réunissez vos amis, et j'arrive de Manheim dans cette intention. M. le chargé d'affaires de Toscane devait m'accompagner, mais il est malheureusement hors d'état de quitter le lit; voici sa lettre de créance.

— Il n'en est pas besoin, monsieur, j'ai ici un seigneur du même nom que vous, un de vos compatriotes, un de vos parents sans doute. Il se fera un vrai plaisir de vous reconnaître, de vous être utile...

— C'est justement pour ce prétendu seigneur que je suis ici; je désire le voir sur-le-champ, lui parler, le confondre... Où est-il?

— Me voilà, monsieur, répliqua Poulailler, qui avait eu le temps de se remettre, et qui, voyant son adversaire sans protecteur, sans appui, sans titres et sans argent, ne crut pas la partie perdue et espéra lutter contre lui.

Ils se toisèrent d'un regard plein de haine et de vengeance; Jacques, le plus hardi des hommes, ne baissa pas le sien et répéta :

— Me voilà : que me voulez-vous?

— Je veux que vous me rendiez mon nom, mon titre, mes papiers, mon argent, que vous m'avez volés, entendez-vous?

— Moi! répliqua-t-il en riant, et en portant ses yeux à la ronde sur tous ceux qui l'entouraient. Cet homme est fou!

Vous jugez si l'on faisait cercle à un pareil spectacle!

— Je suis fou! Mais vous êtes un imposteur, et je ne vous quitterai pas que justice ne soit rendue, j'y suis décidé. Ne comptez pas m'échapper, vil misérable!

— Monsieur, reprit Poulailler, avec un sang-froid que rien ne démontait; voici des paroles que je vous ferais rentrer dans la gorge, si vous étiez véritablement le comte Petrucci, retenez-le bien.

9.

— Je ne suis pas le comte Petrucci! Et qui donc serais-je alors?

— Ma foi! monsieur, je n'en sais rien, et je vous le demande.

— Noble baron, messieurs, voici la lettre du ministre de Toscane, du comte Angelo Martini, dont je suis personnellement connu, il atteste que je suis bien le comte Petrucci, envoyé de son souverain à Vienne, que toute autre personne se donnant pour tel ne peut être qu'un usurpateur de titre, un voleur de nom...

— Assez, monsieur, je n'en entendrai pas davantage. Ma patience a déjà été plus longue que je ne l'aurais dû, par égard pour la compagnie où nous nous rencontrons tous les deux. Je vous somme de me montrer, en dehors de cette lettre, le moindre papier, le moindre titre, qui prouve votre identité, et je me soumets sur-le-champ.

— Eh! vous savez bien que c'est impossible, puisque vous vous en êtes emparé, s'écria le comte Petrucci exaspéré de tant d'effronterie. Je n'aurais pas besoin de réclamer ce qui m'appartient si vous ne me l'aviez pas pris. J'ai écrit dans mon pays et j'attends un duplicata de toutes ces pièces, je saurai bien vous confondre alors.

— Jusque-là, monsieur, veuillez rester chez vous, et trouvez bon que la fête continue, poursuivit Jacques dont le visage n'exprimait pas la plus légère émotion. Vous troublez les plaisirs de ces dames, par votre ridicule scène. Si j'étais aussi mal élevé que vous, nous aurions donné le spectacle de deux crocheteurs

ivres, se querellant. Heureusement je sais me
contenir, cependant il ne faut pas trop m'é-
chauffer les oreilles.

Évidemment l'attitude calme et railleuse de
Poulailler produisait le meilleur effet sur le
père, sur la fille et sur l'assemblée. On prenait
involontairement le parti de ce beau garçon,
qui savait si bien se tenir à sa place.

Le comte acheva de gâter ses affaires par un
torrent d'injures qu'il débita et qui allaient
enfin déconcerter son adversaire, lorsqu'un
vieux parent des Kirbergen soumit un nouvel
avis, auquel chacun dut se rendre ; pour Jacques
il s'agissait seulement de gagner du temps.

— M. le chargé d'affaires de Toscane ne peut
se transporter ici, dit-il, je veux le croire, mais
nous pouvons nous transporter chez lui. La

chose est assez grave pour valoir la peine d'être expliquée ; M. le comte Petrucci, celui que nous connaissons, que nous estimons, dont nous ne doutons pas, doit être le premier à le désirer, j'en suis certain.

— Et je le désire, monsieur, vous avez raison, je le demande même.

-- Que la fête continue donc, si mon neveu est de cet avis, et que demain nous nous rendions à Manheim, chez M. le comte Angelo Martini, qui voudra bien décider une question dont l'issue ne peut être pour nous un instant douteuse. N'est-ce pas votre avis ?

— Parfaitement, monsieur.

— Terminons là cet incident regrettable ; que les danses recommencent, que la gaieté se ranime, quant à vous, monsieur, nous ne vous retenons pas. La maison de mon neveu est hospitalière, mais non pas pour ceux qui y apportent le trouble et le désordre, vous le comprenez.

Le comte Petrucci, se voyant ainsi congédié, pendant que l'imposteur recevait les témoignages les plus flatteurs d'estime et d'intérêt, entra de nouveau dans une colère que rien ne peut rendre. Il fallut presque l'emporter pour le mettre à la porte. Jacques affecta de le plaindre, surtout vis-à-vis de Wilhelmine, qui l'admirait d'autant plus. Deux conversations à voix basse eurent lieu ensuite entre cet homme extraordinaire et les malheureuses qu'il avait séduites.

Pendant toute cette scène Zora était restée à son côté, son poignard nu à la main, prête à se

jeter sur celui qui s'approcherait de Jacques
avec une intention hostile. Ses yeux étincelaient
à travers son masque. Lorsqu'on eut emmené
le comte, elle dit tout bas à son amant :

— Si tu le veux cet homme ne sera pas en
vie demain matin.

— Eh ! laisse-le vivre ! Je ne le crains pas, te
dis-je.

— Tu es trop téméraire, Abenhama, il t'arrivera malheur.

— Attends-moi ici une heure seulement, Zora,
je reviendrai te dire si cet Italien me gêne et
s'il doit disparaître, puisque tu le veux absolument.

— Ah! tu vas essayer de la convaincre, mur-
mura-t-elle, tu vas t'informer d'elle si elle
aimera le chef de brigands comme elle a aimé

le brillant seigneur. Si elle te dit oui, tu dois craindre cette femme, Abenhama, ce sera un monstre.

Il ne l'entendait plus, il était déjà près de Wilhelmine et l'entraînait vers le jardin.

— Oh! que vous avez été grand, noble et généreux, mon beau comte! et que je vous aime, dit-elle.

— Vous m'aimez, Wilhelmine, est-ce parce que je suis comte que vous m'aimez?

— Et que m'importe votre titre, que m'importent vos richesses! Je vous aime parce que je vous aime; vous seriez pauvre et dépouillé que je vous aimerais encore.

— Cela est-il sûr, Wilhelmine? Vous connaissez mes inquiétudes, ma susceptibilité jalouse; permettez-moi une supposition, une supposition absurde, mais dont je me servirai comme d'une épreuve. Si je n'étais pas le comte Petrucci?

— Eh bien?

— Si j'avais, en effet, usurpé ce nom et ce titre, si mon amour, né subitement d'une première rencontre, m'avait inspiré cette ruse, aidé par le hasard, par des circonstances étranges? Si, pour me rapprocher de vous, pour me faire aimer de vous, j'avais risqué mon honneur et ma vie, m'aimeriez-vous encore?

— Mille fois davantage.

— Si j'étais un proscrit, sans biens, sans naissance, n'ayant à vous faire partager que l'exil, que le mépris, que les privations et les douleurs, m'aimeriez-vous encore?

— Toujours,

— Et que feriez-vous dans la position critique
où je me trouverais, obligé de vous fuir à
jamais, sur-le-champ, ou d'aller demain me
faire confondre chez le comte Martini? Que
diriez-vous à votre amant en pareil cas?

— Ce que je lui dirais? vous ne me le deman-
deriez pas, si vous m'aimiez réellement. Je lui
dirais : il nous reste encore quelques heures,
dans le tumulte de la fête il nous est facile de
nous échapper. Va tout préparer pour la fuite.
Qui que tu sois, je t'aime, je t'appartiens et je
te suivrai. N'importe où tu ailles j'irai avec toi;
ce que tu souffriras je le souffrirai, ton sort sera
le mien, dispose de ma vie. Voilà ce que je
lui dirais, monsieur, et ce que je suis prête
à faire, sans regrets, si votre supposition était
une réalité.

— Oh! merci, ma bien-aimée, j'accepte. Nous
allons partir. Je t'aime assez pour comprendre
ton sacrifice et pour t'en récompenser au centuple. Va changer de costume, tiens-toi prête,
dans une heure nous serons loin d'ici.

Ils se séparèrent sans que nul soupçonnât
leur projet. Le baron n'était pas homme à
deviner une semblable folie, et les danseurs
étaient trop occupés d'eux-mêmes pour s'occuper beaucoup de ce qui ne les concernait pas.
Zora seule attendait Jacques, perdue dans ses
pensées, dans sa douleur et prévoyant les malheurs à venir. Elle devina la joie dans sa démarche et son cœur se serra. Un homme aimé
ne marche pas comme celui qu'on dédaigne. Son
orgueil se trahit dans ses moindres mouvements.

— Il ne faut pas que cet homme meure,

Zora, sous peine d'attirer la police de toute l'Europe sur ma trace, et toi qui crains tant la police tu n'auras pas la gaucherie de la réveiller.

— Que fais-tu donc?

— Je pars.

— Seul?

— Non.

— Avec cette pauvre fille?

— Peut-être. Que t'importe!

— Et moi?

— Eh bien, toi? tu resteras à la caverne, tu m'y attendras, je te rejoindrai.

— Non, Abenhama, tu ne m'y rejoindras pas. Tu vas quitter ce pays, emmener cette fille, qui ne peut plus y reparaître du moment où elle est ta maîtresse, et que tu ne condamneras pas au supplice de ne jamais voir la lumière, dans notre souterrain; elle n'est pas fille à le souffrir d'ailleurs, j'en réponds. Imprudent! Tu comptes donc bien sur ma faiblesse! Si je disais un mot, si je voulais me venger, je n'ai que ton nom à prononcer, je te sépare de ma rivale à jamais, et il me reste encore la ressource de mourir avec toi.

— Zora, si je croyais!...

— Non, sois tranquille, Zora ne se vengera pas plus de celle-ci qu'elle ne s'est vengée des autres; Zora souffrira tout, mais à une condition : Zora veut te voir, rester près de toi. Je ne te demande pas à te suivre, laisse-moi te rejoindre. Dis-moi où tu comptes te rendre et je saurai te retrouver. Ne me trompe pas surtout, car, je le jure sur ta tête, cette poupée qui te perdra un jour, ne périrait que de ma main. Tu sais que je ne jure pas en vain, moi!

Après un moment d'hésitation, Jacques lui dit vivement :

— A Paris !

— A Paris donc ! la ville est immense, mais je te trouverai.

— Un mot encore : fais qu'Esculape nous suive aussi.

— Esculape nous suivra, et il ne s'embarquera pas sans être lesté.

— C'est bien. Adieu. Tu me rendras compte de ce qui va se passer.

Il disparut. Zora s'éclipsa de son côté, pour quitter son masque, changer de costume, se mêler aux domestiques et voir de près les événements.

La fête se prolongea jusqu'au jour. Plusieurs personnes avaient remarqué déjà qu'on ne rencontrait plus Jacques, qu'on ne rencontrait plus Wilhelmine, elles en avaient demandé le motif au baron ; celui-ci répondit qu'ils avaient pris sans doute d'autres travestissements, ainsi qu'ils étaient convenus de le faire avant l'arrivée malencontreuse du fou, et qu'ils s'amusaient probablement aux dépens de ceux qui ne les reconnaissaient pas. Cette explication suffit. La margrave Sibylle, avant sa pénitence, avait mis ce genre de divertissement à la mode, et il n'était pas de maîtres de maison qui ne se le donnassent chez eux.

Cependant l'heure de la collation arriva, on devait se démasquer, chacun prit place, les masques tombèrent, on se regarda ; ni Wilhelmine, ni Jacques ne se trouvèrent nulle part ; en vain on les chercha, on les appela de toutes

parts, il fallut bien reconnaître la triste vérité :
ils avaient disparu.

— Ah! s'écria l'oncle, cet homme était décidément un imposteur, il a craint l'épreuve, et
la baronne, abusée par lui, l'a suivi, c'est certain. Quelle honte pour la famille!

On juge de l'éclat produit par une pareille
aventure, éclat qui devint plus grand encore,
lorsque les papiers arrivèrent de Sienne, et
lorsqu'il ne fut plus permis de conserver un
doute que Poulailler lui-même ne fût le héros de
ce drame. Le baron de Kirbergen, au désespoir,
vendit ses biens et s'expatria avec sa fille aînée.
La mémoire et le nom de Wilhelmine furent
maudits, son nom effacé de la liste de la noblesse
et ses armes brisées par la main du bourreau.
Ni sa sœur, ni ses nièces et leurs descendantes

n'eussent pu entrer dans aucun chapitre noble,
et l'illustration de Kirbergen était détruite. Elle
fut condamnée aussi comme complice de Poulailler, et celui-ci fut pendu en effigie le même
jour, avec quelques-uns de sa bande que l'on
avait arrêtés.

Pendant ce temps les amants gagnaient du
champ. Ils traversèrent le Rhin la nuit, sur un
bateau de contrebandier. A Strasbourg ils ache-
tèrent une chaise et continuèrent leur voyage
avec les papiers d'un marquis espagnol, que
Jacques tenait en réserve pour cet usage. Ceux
de Petrucci étaient retournés aux mains de leur
propriétaire, moins les billets de caisse et les
effets au porteur. Ils arrivèrent à Paris en six
jours, ce qui, en ce temps-là, était aller comme
le vent, et ils s'établirent dans un hôtel honnête,

afin de ne pas attirer l'attention et de se donner le temps de prendre langue.

Pendant la route mademoiselle de Kirbergen avait absolument voulu connaître l'homme auquel elle s'était donnée, et, après bien des excuses, bien des périphrases, bien des préparations, il avait avoué sa profession d'abord, son nom ensuite, s'attendant à des malédictions, à des reproches; à sa grande surprise, il ne reçut rien de tout cela. La baronne lui dit tout franchement qu'elle avait toujours désiré le connaître, que cette vie aventureuse n'avait rien qui lui déplût, qu'elle s'y plairait volontiers, et que d'ailleurs elle l'aimait assez pour accepter de lui, même le mépris du monde, même l'infamie, même la ruine. Ils s'embrassèrent avec attendrissement et se trouvèrent liés à la vie et à la mort.

Ce ne fut pas tout encore : elle consentit à partager ses dangers, à vivre de sa vie; elle devint son *élève* et se distingua bientôt par l'adresse avec laquelle elle faisait le mouchoir et les miévreries du métier. Son extérieur distingué, ses grandes manières la servirent beaucoup; elle fut aussi rusée que les plus coquines, et Poulailler trouva enfin, en toute chose, une compagne digne de lui.

Lorsqu'une femme noble se dégrade, lorsqu'elle sort de sa sphère, elle devient plus vile et plus infâme que la plus basse fille du peuple. Nous avons vu de ces malheureux exemples dans la Révolution. La passion mutuelle des deux amants s'augmenta de ces péripéties; ils s'adoraient de plus en plus; néanmoins Jacques n'était pas satisfait. Il voulait remonter une

bande, travailler en grand, et ce n'était pas
facile dans cette immense ville. Il fallait agir
avec prudence, on pouvait tomber sur un faux
frère et se faire jeter dans un cachot. Le
diable voulait que la gloire de son *fils* fût complète, il lui envoya ce qu'il cherchait.

Il attendait impatiemment l'arrivée du père
Esculape; celui-ci devait être lié avec toute la
cour des miracles. Il se repentit amèrement alors
de n'avoir pas donné une indication plus précise
pour le retrouver, et de s'en être rapporté à
l'intelligence de ses amis. Les fonds s'épuisaient,
le temps s'écoulait, on vivait modestement des
petites industries du ménage; sans complice,
c'était dangereux et cela ne rapportait guère.
Ils cherchaient des expédients et n'en trouvaient
pas. Cependant, un soir, Poulailler proposa à

Wilhelmine d'aller un peu du côté de la place Royale, où les voleurs se promenaient volontiers, les bourgeois du Marais ayant déjà la réputation d'être fort pacifiques et très-faciles à attraper.

Ils avaient fait plusieurs fois le tour inutilement, et ils se disposaient à rentrer fort tristes, lorsqu'un gueux de la pire espèce, en guenilles, appuyé sur une béquille cassée, escorté d'un ramoneur aussi dégoûtant que lui, s'approcha de Jacques et lui demanda l'aumône. Celui-ci le rudoya sans le regarder ; l'autre ne se tint pas pour battu, et tendit encore son bonnet, en nasillant :

— La charité, s'il vous plaît, mon bon seigneur comte, au nom de Notre-Dame de Kirbergen.

10.

La baronne jeta un cri, Poulailler lui pressa
le bras et l'entraîna. Les disciples de Mercure
sont prudents comme les serpents de son cadu-
cée. Ces mendiants si bien instruits pouvaient
être des espions envoyés après eux du margraviat; il s'agissait de ne pas se trahir. Si c'étaient
des amis, à présent qu'ils avaient éveillé l'attention, ils sauraient bien se faire reconnaître, on
pouvait se fier à eux pour cela. Les mendiants les
suivirent en effet, le plus âgé chantant une pali-
nodie à laquelle une voix jeune et fraîche se
mêla ensuite; enfin le ramoneur s'approcha tout
à fait et murmura tendrement le nom d'Abenhama, auquel il n'y avait pas moyen de se
méprendre.

C'était Esculape, c'était Zora; ils allaient donc
sortir de leurs misères et de leurs incertitudes.

Tous les quatre s'en allèrent sans avoir l'air de s'être jamais vus, vers une ruelle noire et écartée, où les mendiants entrèrent les premiers. Lorsqu'ils furent bien certains de ne pas être vus, de ne pas avoir été suivis, ils se réunirent et se témoignèrent la joie qu'ils éprouvaient à se revoir. Ils se racontèrent mutuellement leurs aventures et convinrent d'un lieu pour se retrouver le lendemain. Toute la conversation s'était passée entre les deux hommes. Wilhelmine se taisait par fierté ; Zora comprimait avec peine ses sanglots ; la première se trouvait pour la première fois en contact avec les compagnons qu'elle s'était donnés, et quant à la pauvre bohémienne, il y avait des moments dans sa vie où le fardeau de son dévouement lui semblait trop lourd et où elle se sentait prête à le déposer.

Jacques, qui connaissait la jalousie de Wilhelmine, recommanda à Esculape, en argot, de ne pas trahir le déguisement de Zora; elle devait continuer à passer pour un enfant faible et malingre, se montrer le moins possible aux yeux de sa rivale et toujours sous ce déguisement de ramoneur, qui dissimulait ses traits charmants. Esculape s'engagea pour elle; il savait qu'il pouvait le faire et qu'elle ne le démentirait pas.

Le lendemain, Poulailler retrouva son vieux maître et fut conduit par lui à des clercs de Saint-Nicolas, ainsi qu'ils s'intitulaient, dont l'enthousiasme ne connut plus de bornes, aussitôt qu'il se fut nommé; tous voulaient servir sous ses ordres; en quelques jours la bande fut formée, la succession de Cartouche était à recueillir, ses sujets dispersés ne demandaient qu'un chef, et Poulailler seul, dans l'univers, était digne de les commander après ce grand homme, si traîtreusement mis à mort par les manœuvres de ses ennemis.

Jacques s'enivra d'orgueil : sa réputation était venue jusqu'à Paris. Paris, la ville par excellence, où tant de gloires de cette sorte grouillaient dans le ruisseau. Il passa en revue sa nouvelle troupe, la nuit, dans la plaine des Sablons, comme un prince ; seulement ce fut au clair de la lune. Il leur promit de leur livrer Paris et ses richesses, et ses plaisirs, s'ils consentaient à *seconder sa vaillance*. Tous les chefs de brigands, tous les révoltés, voire même les généraux d'armée (et je leur demande pardon de les citer en si mauvaise compagnie), chantent plus ou moins le *Suivez-moi !* de *Guillaume Tell*.

Seulement tous n'ont pas d'*ut* de poitrine pour
électriser leur auditoire et il en est que l'on
laisse en chemin.

Depuis ce jour les compagnies furent formées,
les lieutenants nommés; le vol et le brigandage
furent organisés enfin, et M. Hérault, le lieutenant de police, n'eut qu'à se bien tenir. Le nom
de Poulailler fut dans toutes les bouches et la
terreur régna en cette grande ville, presque
autant que dans la forêt Noire, malgré la nuée
d'alguazils employés à surveiller les toits et les
cheminées. En ce temps naïf, les vols à la tire,
à l'américaine et tous ceux que notre époque a
vus naître, n'étaient pas inventés, ou du moins
n'étaient pas nommés peut-être. On s'introdui-
sait dans les maisons comme on pouvait; messieurs les filous pratiquaient beaucoup les gout-

tières; il fallait une étude spéciale de gymnastique pour embrasser cette profession, si simplifiée de nos jours. Poulailler dirigea ses sujets, leur donna des instructions et des idées qu'ils mirent à exécution avec une merveilleuse facilité. Personne n'en fut à l'abri, et ces messieurs devinrent d'une adresse si parfaite qu'on n'en prenait pas un sur cinquante en un mois.

Wilhelmine, redevenue baronne aux occasions, mais sous un nom différent, vivait dans un luxe prodigieux. Elle eut une maison où l'on joua, et ajouta cette branche d'industrie à celle que l'on possédait déjà. Jacques s'y montrait quelquefois, bien déguisé; il exerçait en personne. Pas une dupe ne résistait à ses séductions, il râflait tout avec une grâce et un esprit, avec des plaisanteries si finement assaisonnées que c'était plaisir d'être dépouillé ainsi.

Il eut surtout un grand bonheur : celui de ne pas trouver de traître parmi ses affiliés; il prit du reste une excellente précaution contre eux. Excepté Esculape, Zora et Wilhelmine, nul d'entre eux ne le vit sous sa figure naturelle. Son signalement ne fut donc pas facile à avoir, et, lorsqu'il voulait le mieux se cacher, il ne se déguisait pas du tout. Il courait les spectacles, les bals publics, même celui de l'Opéra sous son propre visage, passant pour un jeune seigneur valaque, venu à Paris de son pays lointain, pour prendre les grandes manières. Il semblait comprendre très-difficilement le français, et quant à parler sa langue avec quelqu'un, il n'y avait pas d'apparence : à peine eût-on trouvé un inter-

prète. Les provinces du Danube étaient plus loin
de nous il y a cent ans que n'est aujourd'hui le
Kamchatka. Il se fit des amis, il eut des maîtresses à l'insu de Wilhelmine, bien entendu ; il
coudoya souvent, dans les salons, un magistrat
dont son nom seul eût hérissé les cheveux, il
parla souvent comme les autres de cet indéfinis-
sable Poulailler, qui, semblable au solitaire,
était partout et nulle part. Son rôle était si parfaitement joué qu'il trompa même les plus
soupçonneux.

Zora, fidèle à sa promesse, le suivait partout,
déguisée en page, elle se sentait heureuse de
le voir, jusqu'au point de passer la nuit à
l'attendre dans l'antichambre d'une rivale. Son
sang bouillait dans ses veines, mais elle était
certaine de le perdre tout à fait en se révoltant,

11

et cette idée seule la faisait transir. Elle savait
qu'un jour ces prospérités auraient un terme,
que le malheur viendrait pour lui et c'est là
qu'elle attendait sa place. Son amant lui serait
rendu, il lui appartiendrait sans partage, lorsqu'elle n'aurait plus d'autre rival que l'échafaud.
Ils y monteraient ensemble, on ne lui disputerait
pas cette dernière couche infâme où elle repo-
serait à côté de lui. Elle lui avait ouvert la carrière; sans elle peut-être il ne l'eût jamais par-
courue, elle l'accompagnerait jusqu'à la fin.

Une petite guerre s'organisa alors entre Poulailler et la police. La ruse était des deux côtés,
la force eût pu faire pencher la balance, mais
elle se paralysait elle-même. Quel moyen de
l'employer restait-il à M. Hérault contre des
ennemis invisibles? Il ne dormait pas, il mettait

ses agents hors de combat, c'était un massacre
d'espions comme il ne s'en était pas vu de mémoire d'homme.

Pour faciliter les opérations, le lieutenant de
police fit afficher partout que quiconque livrerait
Poulailler recevrait une somme de deux cents
pistoles, plus une place de deux mille livres. En
lisant cette pancarte, la vanité du coquin fut
singulièrement blessée. On avait offert soixante
mille livres pour Cartouche! On ne le jugeait
pas aussi redoutable que son prédécesseur; on
le traitait par-dessous la jambe! Ce fut un
nouveau stimulant, un défi qu'il jeta aux honnêtes gens.

— Je les forcerai bien à m'estimer ce que je
vaux, dit-il à Zora, qui l'accompagnait. Ils me
payeront bien cher et encore ils ne m'auront pas.

Wilheimine était d'une jalousie frénétique.
Elle avait plusieurs fois surpris les infidélités de
son amant, et, pour exercer elle-même une surveillance qui lui sembla nécessaire, elle quitta
sa belle maison, mit bas son luxe, s'attacha aux
pas de Jacques, partagea ses asiles précaires;
elle ne réussit pas mieux. Alors commença la
série des scènes, des reproches que dans tous
les siècles et dans tous les temps les femmes
ont la niaiserie d'adresser à l'amant qui les
délaisse. Elles font juste ce qu'il faut pour les
faire sauver un peu plus vite; hélas! c'est peine
perdue que de le dire. Celles qui aiment véritablement y seront toujours prises, celles qui
n'aiment pas seront aimées; c'est un cercle vi-
cieux dont le cœur humain ne sortira jamais.

Avec un homme tel que Poulailler, les incon-

vénients sont plus graves, les scènes ont des
dénoûments imprévus et terribles. Il ne faut
pas fatiguer les tigres, quelque apprivoisés qu'ils
soient. Plusieurs fois, il menaça mademoiselle de
Kirbergen de sa colère; plusieurs fois, il montra
ses griffes et les retira en rugissant. Elle n'en
tint compte et cria toujours, sauf à lasser la
plus courte de toutes les patiences : celle d'un
homme qui n'aime plus.

Une nuit, elle l'attendait avec la fièvre, elle
était sortie vingt fois du bouge où il devait la
rejoindre, pour interroger ceux qui l'attendaient
aussi et savoir d'eux à quelle heure il devait
revenir. Jacques ne confiait ses projets à personne, pas même à ceux qui pouvaient en faciliter l'exécution. Par extraordinaire, Zora ne
l'avait pas suivi. Assise dans un coin de la

chambre, elle assistait en silence aux tortures de sa rivale et s'en réjouissait. Son cœur n'avait de tendresse et de compassion que pour Jacques.

Wilhelmine l'aperçut et l'appela. Elle savait combien son maître avait de confiance en elle, elle espéra en apprendre davantage en l'interrogeant. Zora se leva et la suivit; c'était pour elle une vengeance savourée, elle ne la repoussa pas.

— Jacquot, lui dit-elle, — on l'appelait ainsi dans la bande, — sais-tu où est le capitaine, cette nuit?

— Non, madame, je ne le sais pas!

— Pourquoi donc ne t'a-t-il pas emmené aujourd'hui?

— Parce qu'il ne l'a pas jugé à propos, madame.

— Tu ne t'en es pas informé?

— Il ne m'appartient pas, il n'appartient à personne d'interroger son maître sur ses desseins.

— Tu peux avoir raison quant à toi, mais moi?

— Vous, madame! bien moins que moi, si c'est possible.

— Comment? demanda la baronne avec arrogance.

— Vous êtes une des maîtresses de Jacques et moi je suis son amie.

— Son amie? Tu as dit son amie?

— Oui, je suis une femme; il y a longtemps que vous vous en seriez aperçue, si vous l'aimiez comme moi.

— Mais, misérable! tu es donc sa maîtresse aussi, tu es une rivale, tu m'as trompée, je te chasserai, je te...

— Vous ne me chasserez point, vous ne me tuerez point, je ne vous crains pas, madame; j'avais plus de droits que vous à son amour, il les a méconnus, comme il méconnaît les vôtres. Seulement vous ne saurez point faire ce que j'ai fait, votre sentiment égoïste ne verra que lui et non pas celui qui en est l'objet. Vous serez oubliée, après avoir été trahie, et moi je ne le quitterai jamais.

— Qui es-tu?

— Zora, la bohémienne, celle qu'il a aimée la première, celle qui depuis cinq ans ne l'a pas abandonné un instant, celle qui a tant souffert et qui souffrira tant, celle qui vous a servi, madame, parce qu'il l'avait ordonné, et qui, patiente, comme ce qui ne peut finir, attend que son tour revienne. Il reviendra.

— Tu sortiras d'ici, tu sortiras tout à l'heure.
Je veux être la maîtresse ici. Poulailler le veut,
Poulailler l'ordonne, et tu lui obéiras, je sup-
pose.

— Je ne sortirai pas, vous n'êtes pas la maîtresse ; j'obéirai à mon maître, au vôtre, et non
à vous. Je vous ferai, avant de vous quitter,
l'aumône d'un conseil ; profitez-en, si vous êtes
sage. Cessez vos exigences, ne tourmentez plus
Jacques de vos jalousies, si vous ne voulez pas
qu'il vous abandonne entièrement, ou pis encore.
Vous ne le connaissez pas et je le connais. Vous
vous fiez à vos charmes, à votre nom, à votre
esprit, tout cela n'est rien pour lui en face d'une
fantaisie. Soyez douce et bonne, vous l'arrêterez
peut-être, ne pleurez pas, vous le retiendrez
quelques instants ; ne luttez pas avec lui, il vous

11.

brisera. Maintenant je vous quitte, je n'ai plus rien à vous dire. Oubliez ma confidence, ne vous souvenez plus de moi, il n'y a rien de commun entre vous et moi, et ne croyez jamais me faire trembler. Je ne vous craignais pas quand il vous aimait, je vous craindrai bien moins encore lorsqu'il ne vous aime plus.

Wilhelmine, malgré toute sa furie, n'osa pas répliquer. Elle reconnaissait la vérité de ces paroles, elle lisait dans les regards de Zora une volonté réfléchie et puissante devant laquelle sa passion devait céder. C'était un feu de paille en comparaison de ce foyer, entretenu depuis tant d'années. Elle baissa la tête et pleura.

Mais ses larmes se séchèrent dans les longues heures de l'attente et la rage l'emporta de nouveau. Lorsqu'elle revit Poulailler, elle éclata plus violente que jamais. Elle l'accabla de reproches, d'injures, elle se plaignit non pas avec tendresse, mais avec emportement, elle le poussa à bout enfin.

— Eh! lui dit-il, je prétends être libre. Que me parlez-vous de votre fidélité et de votre amour! Ne m'aimez plus, aimez-en un autre, et laissez-moi tranquille.

— Un autre?

— Sans doute. Qu'y a-t-il d'étonnant à cela? Seriez-vous la première?

Les brigands qui les entouraient, témoins habituels de ces querelles de ménage, se mirent à rire.

— Et, tu le vois, Wilhelmine, il ne manque pas autour de toi de bons garçons qui seraient heureux de t'aider à la vengeance.

Mademoiselle de Kirbergen, mise hors des gonds par cette insulte, se jeta sur Poulailler, le couteau levé, et chercha à lui en porter un coup. Il la désarma facilement; elle lui cracha au visage. Il n'en fallait pas tant pour exciter cet homme que rien n'arrêtait plus. Il la frappa de ce couteau qu'il lui avait pris, et lui fit une large blessure au côté droit; elle tomba dans les bras de Zora, qui s'était élancée pour les séparer.

— Jacques, dit-elle, tu aurais dû ménager cette femme, elle t'aime autant qu'elle peut aimer.

— Ah! bah! elle n'en mourra pas et cela lui servira de leçon. Qu'on appelle le docteur et qu'on la soigne. J'ai autre chose à penser.

Le docteur c'était Esculape : il accourut avec sa trousse, sonda la plaie, déclara qu'elle était dangereuse; pourtant son baume souverain la tirerait de là. Poulailler ne l'écouta même pas, il organisait pour la nuit une expédition magnifique. Il s'agissait de dévaliser un hôtel, dont le propriétaire était absent et l'unique gardien vendu à la société. Comme il voulait conserver sa place et sa réputation d'honnêteté, qui pouvait servir une autre fois, on devait entrer par les toits, avec effraction; on devait le maltraiter, l'attacher à son lit, le blesser même. C'était une comédie à jouer, et les voleurs y étaient fort experts. Lorsque tout fut convenu, Jacques annonça qu'il commanderait en personne, l'entreprise exigeant du sang-froid et du savoir faire, il indiqua le lieu du rendez-vous et partit, sans même tourner les yeux sur Wilhelmine, presque mourante et baignée dans son sang.

Le soir, à l'heure fixée, Jacques trouva ses hommes à leur poste. Chacun avait le sien; les sentinelles étaient placées dans les rues environnantes; il fallait être voleur soi-même pour les reconnaître, et pourtant rien ne leur échappait. Jacques monta chez un de ses affidés, dont la mansarde donnait sur les toits, et se mit en route pour chercher la fenêtre où le concierge infidèle devait l'attendre. Elle lui avait été désignée, il ne s'y trompa pas. Pourtant, chemin faisant, il flânait autour d'une cheminée, épiant les amours des grisettes, en se promettant d'en avoir sa part.

Comme il passait devant un grenier, d'où s'échappait une lumière tremblante, il entendit des sanglots; la fenêtre était fermée, cependant une vitre cassée et bouchée par une guenille en laissait l'intérieur à découvert. Il s'approcha par curiosité et aperçut un spectacle à fendre le cœur : une famille tout entière, une mère et trois petits enfants, étendus sur la paille, mourant de froid et de besoin. Un des enfants était malade et semblait près de rendre le dernier soupir, sa mère essayait de le réchauffer sur son sein glacé, et ses autres pauvres créatures demandaient du pain à grands cris.

— Oh! mon Dieu! murmura la malheureuse, en levant les yeux au ciel, n'aurez-vous pas pitié de nous?

Poulailler n'était pas tendre de sa nature, il lui prit envie de jouer à la providence, bien que ce ne fût pas sa coutume ; il chercha dans sa poche et se disposait à jeter sa bourse par le carreau, lorsque la porte s'ouvrit brusquement.

Un homme, en haillons comme la malheureuse
famille, entra, le visage bouleversé, la main
tremblante, hors de lui. Il tenait une poignée
d'or, qu'il jeta presque au visage de sa femme
dans son désespoir.

— Tenez, leur dit-il, voilà de l'or, vous aurez
du pain, vous ne mourrez pas et vous ne pleu-
rerez plus. Il me coûte assez cher, cet or, il me
coûte l'honneur. Je l'ai volé.

— Volé! s'écria la pauvre femme avec horreur!

— Oui, je n'y survivrai pas, mais je vous
aurai sauvés. J'ai rencontré un homme dans la
rue; cet homme se promenait, c'était un oisif,
un heureux, un riche; je lui ai demandé un peu
de son superflu, pour nourrir mes enfants qui
mouraient de faim; il m'a répondu qu'il avait

autre chose à faire que d'écouter des mendiants.
J'ai insisté, il m'a repoussé en me frappant.
Alors je n'ai plus été maître de moi, je le lui ai
rendu. Emporté par mon désespoir, ma force
était doublée, j'ai abattu cet homme à mes
pieds, je l'ai fouillé, il portait des armes, un
poignard dont il n'a pas eu le temps de se servir,
il avait cet or dans sa poche, je l'ai pris, je me
suis sauvé, et, la tête à moitié perdue, l'âme
bourrelée par le remords, je vous apporte le
produit de mon infamie.

La mère embrassa l'époux, tandis que les
enfants pleuraient sans savoir pourquoi, seulement parce que leurs parents pleuraient, ou
peut-être parce que le pain n'arrivait pas assez
tôt. Poulailler n'hésita plus : cette conscience
d'honnête homme excita sa pitié, il sauta dans

la chambre, au grand étonnement de la nichée,
qui ne s'attendait pas à voir tomber du ciel un
homme, un manteau et une paire de pistolets.
Le père crut qu'on venait déjà l'arrêter.

— Épargnez ma famille, s'écria-t-il, laissez-
leur du pain et prenez ma vie, je ne me défendrai pas.

— Ne craignez rien, répondit Jacques, il ne
vous sera pas fait de mal; au contraire, je viens
ici pour vous rassurer et vous aider de tout mon
pouvoir. Calmez vos remords, monsieur, vous
n'avez volé qu'un voleur; à son signalement, au
poignard surtout, j'ai reconnu une de mes ve-
dettes. Je suis Poulailler, son chef, je vous
donne ce que vous lui avez pris, je vous donne
encore cette bourse. Entreprenez un commerce,
je vous promets ma pratique et celle de beau-

coup d'honnêtes gens. Quand ils s'y mettent, les voleurs sont très-magnifiques et payent bien, l'argent leur coûte si peu à gagner.

Il jeta sur le grabat sa bourse, plus ronde encore que celle de sa sentinelle; ces pauvres gens se mirent à ses genoux, les couvrirent de pleurs et l'appelèrent leur bon génie, leur Dieu tutélaire. Ils lui jurèrent une gratitude éternelle; et certes, si la police, si M. Hérault lui-même eût assisté à cette scène touchante, il n'eût pas reconnu dans ce bienfaiteur de l'humanité, le farouche brigand qui remplissait de deuil Paris et ses environs.

— Vous me faites connaître un bonheur que je ne soupçonnais pas, dit-il en essuyant une larme qui tremblait à sa paupière, c'est moi qui suis votre obligé. J'en essayerai maintenant.

— Comment vous prouver notre reconnais-
sance, généreux inconnu? reprit la mère.

— D'une façon bien simple et qui ne vous
coûtera pas beaucoup. Éclairez-moi, pour que je
ne me casse pas le cou dans l'escalier; nous
nous reverrons.

On l'éclaira avec le dernier bout de chandelle,
prêt à s'éteindre; grâce à lui on en aurait d'autres maintenant. Jamais cette pauvre famille ne
voulut croire qu'elle dut son bien-être à Poulailler; c'était, selon eux, une façon ingénieuse
de se cacher, de se dérober à leurs remercie-
ments. Comment aller chercher une providence
sous le nom d'un pareil homme?

Après cette bonne action Jacques ne se sentit
pas d'humeur de dévaliser personne, il remit
l'expédition à un autre jour. Comme il rentrait

dans la maison où il devait coucher cette nuit-là, il rencontra Esculape, en toilette de fermier général, avec des manchettes de dentelle, un habit mordoré, des joyaux. Il lui demanda où il allait en cet équipage.

— Mon carrosse m'attend à quatre pas, j'ai promis de conduire une beauté au bal de l'Opéra.

— Par ma foi! l'idée est bonne, je suis en gaieté, j'ai envie d'y aller aussi.

— A ton aise!

Il s'habilla magnifiquement, devint le seigneur valaque et parut au milieu des nymphes qui cherchaient fortune. Une belle naïade, vêtue de satin, lui frappa sur l'épaule et lui dit d'un ton mystérieux :

— Veux-tu m'entendre? Je te connais mieux que tu ne crois.

C'était une belle fille leste, élégante, brune aux yeux bleus, au teint de rose, au parler vif, au regard doux. Elle posa son bras sur le sien et l'emmena dans un coin, bien loin de là, et, comme il lui demanda, assez préoccupé, d'où elle le connaissait si bien, elle répondit par un éclat de rire.

— Moi! je ne vous connais pas du tout, mais vous me plaisez.

L'aventure ne s'annonçait pas mal, on le voit ; elle était facile surtout, et Poulailler était dans l'âge où l'amour tout fait ne manque pas de charmes. Il se vit l'objet d'une fantaisie et ne recula pas, on le pense. Le bal se passa à courir, à causer, à jaser sur le prochain, à dire des folies, à se promettre ce qu'on était certain de ne pas tenir, enfin à ces joies de la jeunesse, qui sont la vie pour certaines natures, et qui s'envolent sans laisser bien souvent ni souvenirs ni regrets.

Poulailler proposa à Manette un joli souper ; elle l'accepta dans une de ces maisons qu'ont depuis remplacées les traiteurs et les cafés. Ensuite elle voulut rentrer chez elle. Jacques consentit à la reconduire, mais à la condition qu'elle ne le renverrait pas. Manette, par une fantaisie de son état, avait juré qu'elle était

libre, qu'elle n'appartenait à personne; il devenait difficile de refuser, elle y consentit, après
beaucoup de façons. Elle sembla vouloir se faire
prier : ce que l'on obtient avec peine a tant de
prix !

On arriva chez la belle : jamais un palais plus
splendide n'avait frappé les yeux éblouis de
Jacques.

— Ah! ça, dit-il, vous êtes donc une princesse?

— Mais... peut-être, répliqua l'autre, en baissant les yeux.

Ils entrèrent dans un boudoir adorable, qui
eût attendri les plus cruelles.

— Vous devez avoir des richesses immenses?
continua-t-il.

— J'ai... un assez bon trésorier, un économe,

un intendant, qui m'apporte mes revenus.

— Vous les dépensez largement, ma belle; c'est plaisir que de vous savoir si bien partagée; ne me parlez pas de ceux qui thésaurisent.

Elle l'invita à s'asseoir; ils se mirent à causer. La camériste de Manette était entrée un instant auparavant, et sa maîtresse lui dit, avec assez d'embarras :

— Si *monsieur* venait, vous me préviendriez sur-le-champ.

— Qu'est-ce *monsieur?* votre mari?

— Non, répliqua-t-elle, en baissant les yeux à sa manière; c'est un riche traitant que je cache à cause des édits contre les accapareurs.

Poulailler se tint pour suffisamment édifié et n'en demanda pas davantage. La magnificence du lieu le préoccupait et l'empêchait de penser

12

à autre chose. Manette commençait à le trouver peu spirituel, la conversation languissait; il songeait au moyen de ne pas s'en aller sans rien emporter et de ne pas trop contrarier cette obligeante et charitable personne. La soubrette se précipita comme une avalanche, en criant qu'un carrosse s'arrêtait à la porte et qu'il restait à peine à Jacques le temps de se sauver.

Manette, effarée, se jeta à ses genoux et le supplia de se cacher dans une manière de cabinet noir, jusqu'à ce qu'elle eût congédié l'importun, et qu'elle l'eût renvoyé cuver son or ailleurs. Il s'empressa d'obéir; il trouverait peut-être dans sa retraite ce qu'il cherchait en vain depuis qu'il était là. On le poussa sans qu'il pût répondre, on l'enferma, et bientôt il entendit une voix grondeuse demander comment mademoiselle

Manette n'était pas encore couchée à cette heure.

— Vous ne l'êtes pas non plus, répliqua-t-elle, ce n'est pas un crime apparemment.

Le vieillard, car c'en était un, marmotta quelques paroles, et posa sur un meuble une canne à pomme d'or, un chapeau à ganse de diamants, et voulut reprendre le discours sur un autre ton. De son cabinet vitré, en écartant le rideau, Jacques pouvait tout voir et tout entendre. Ses regards se portèrent d'abord sur le financier; il était laid et ventru, il portait une perruque à la brigadière qui le rendait effroyable et qui rappela à Jacques celle d'Esculape. Mais quelle superbe idole! Il était cousu de brillants, de saphirs et d'émeraudes; ses boutons, ses boucles, ses bagues, ses chaînes étincelaient comme un soleil; tout cela valait plus de cent mille livres.

La tentation était bien forte pour un homme de la profession de Jacques. Autant aurait valu mettre un affamé devant une dinde aux truffes, ou devant un pâté de Strasbourg.

Poulailler avait de l'esprit, infiniment d'esprit ; il conservait aussi quelques procédés pour les femmes dont les bontés étaient descendues jusqu'à lui. Voler ce Crésus, l'assassiner peut-être sous les yeux de cette fille qui l'avait reçu avec tant de grâce, c'était manquer de savoir vivre, et Poulailler en était incapable. Il lui vint à l'imagination une manière de sortir de là, qui mettait de son côté toutes les apparences et qui lui sembla si plaisante qu'il ne put y résister.

Il tira son poignard, arma ses pistolets, ouvrit sa porte avec fracas, et fondant à l'improviste sur le gros homme, en lui plaçant le canon sur la poitrine, il lui demanda avec une politesse exquise de se dépouiller en sa faveur des quelques joyaux qu'il montrait si libéralement aux voleurs pour les tenter.

Le financier devint pourpre et faillit étouffer de peur. Il essaya de pousser un cri.

— Vous êtes mort, mon excellent monsieur, si vous recommencez; ne me poussez pas à cette extrémité, je vous en conjure, j'en serais au désespoir. Exécutez-vous de bonne grâce et vous serez content de moi. Ces bagatelles sont si peu de chose pour un homme comme vous!

Il fallut tout donner, il ne laissa pas même un écu ou un anneau. Poulailler se confondit en remercîments, et se retournant vers sa charmante hôtesse :

—Et vous, ma belle demoiselle, n'y joindrez-

12.

vous pas vos précieux joyaux, vos petites éco-
nomies? Ce sera pour moi des trésors dont je ne
me séparerai jamais.

— Comment, scélérat! s'écria-t-elle en colère,
comment, à moi!

— Et pourquoi pas, mademoiselle? Pourquoi
seriez-vous plus dure au pauvre monde que ce
brave monsieur? Je vous prie de ne pas me
refuser, ou bien... j'ai deux mains très-garnies,
vous le voyez, et je me sers aussi bien de l'une
que de l'autre.

Il lui présenta le pistolet, comme au traitant,
qui tremblait encore, et qui aurait racheté sa
vie par tous ses trésors. Aussi lui dit-il :

— Mais, mademoiselle, faites comme moi, il
est ridicule de se faire prier.

— Cependant...

— Eh! donnez donc! continua tout bas le coquin, ne voyez-vous pas que c'est une feinte pour ne pas vous compromettre? Vous ne comprenez donc rien? Demain je vous rendrai tout et bien d'autres avec.

— Ah! si c'est ainsi...

Elle s'en alla à son bureau, ouvrit tous ses tiroirs, y mit une complaisance et une conscience dignes d'éloges. Poulailler empocha tout, il avait rarement fait un pareil coup de filet. Il salua, remercia fort poliment, s'échappa avec force révérences, priant toujours qu'on ne se dérangeât pas pour lui, qu'on ne le reconduisît pas, et tenant en avant ses armes toutes prêtes, dont le brave monsieur avait une si belle peur qu'il en fit une maladie.

Ceci se raconta, et dans ce siècle où l'on

riait de tout, où l'esprit était une dignité, Poulailler en recueillit beaucoup d'honneur. Les
filles d'opéra n'accueillirent plus chez elles un
seul inconnu, elles restèrent fidèles à leurs...
économes au moins pendant trois semaines ; ce
fut une révolution, on ne parla plus que du
hardi voleur et l'on donna son nom à deux
modes nouvelles. Il en fut glorieux comme d'une
conquête.

Sa vie fut semée d'aventures dans lesquelles
il joua un rôle singulier, peu ordinaire aux gens
qui font métier de dépouiller les autres, et qu'il
me faut vous raconter, car elles sont dans la
vie de ce héros de potence les points les plus
saillants et les plus dignes de remarque.

Ainsi, un soir il se *promenait* sur la grande
route, avec quelques suivants. Il pleuvait à verse,

les chevaux avaient de la boue jusqu'au ventre,
ils avançaient lentement par conséquent ; c'était
pour lui un temps de bénédiction. Tout à coup
il avisa un carrosse, venant au pas, conduit par
un cocher, avec deux laquais derrière, portant
des torches, ce qui indiquait une personne
d'importance, mais sans piqueurs, circonstance
fort singulière, si c'étaient des personnes de
grande qualité.

Poulailler donna cependant le signal de l'at-
taque ; lui et ses hommes s'avancèrent droit
au-devant des chevaux, les arrêtèrent ; le cocher
ne résista pas, les laquais jetèrent leurs torches
et prirent la fuite. Poulailler se mit à la portière, l'ouvrit ; il y avait dans le carrosse une
dame et un abbé. L'abbé priait Dieu, la dame
pleurait.

— Ne nous faites point de mal, messieurs,
dit-elle, nous donnerons tout.

— J'aime cette docilité, madame, et je vous
réponds que vous n'avez rien à craindre. Votre
bourse, s'il vous plaît; et vous, monsieur l'abbé,
exécutez-vous.

Ils lui remirent leur argent et leurs montres;
il les salua poliment.

— Monsieur, dit l'abbé, qui perdait la tête,
je vous recommande bien ma montre, elle est
excellente, la petite aiguille accroche quelquefois la grande, quand on y fait attention ce n'est
rien. Soignez-la, je serais fâché qu'il lui arrivât
malheur.

— J'y ferai attention, l'abbé, n'ayez pas
peur.

Il ramassa les torches, chercha les laquais,

les appela marauds et bélîtres et leur donna à chacun un coup de pied quelque part, pour leur apprendre à avoir abandonné leur maîtresse. Puis il les fit monter sur leur estrade, fouetta les chevaux, souhaita un bon voyage à ses pratiques, et continua son chemin.

Vous serez étonné peut-être de ces mœurs bizarres, de ces événements si éloignés de ce qui se passe tous les jours sous nos yeux; il faut se reporter à cette époque, où l'on accordait tant à l'esprit d'abord, au plaisir ensuite; les gendarmes n'existaient pas, les cavaliers de la maréchaussée couraient à tâtons après les coquins, qui se servaient de lanternes sourdes et qui les dénichaient sans être aperçus, car ils savaient jeter la lanterne au besoin. Les grandes bandes de malfaiteurs, exerçant leurs brigan-

dages comme un art, ne sont plus possibles
dans notre société moderne. Tout se rapetisse :
nous n'avons plus Cartouche, Mandrin, Poulailler,
nous avons de mauvais filous, fort adroits, mais
sans esprit, chez lesquels on ne dénicherait pas
le moindre atome de chevalerie ou de grandes
manières. Les héros des cours d'assises sont
des cuistres et des manants, dont les ombres
de leurs devanciers rougiraient si elles avaient à
les juger.

Lorsque le jour fut venu, Poulailler, rentré
dans son asile, fit apporter le butin afin de
l'examiner. Il demanda surtout le portefeuille de
la dame au carrosse; on le lui remit, et il fit un
geste de surprise joyeuse, en lisant sur la pla-
que le nom de la comtesse de Brionne.

— Bonne prise! messieurs, une dame de ce

rang ne voyage pas avec des noisettes dans sa poche.

Il l'ouvrit et ce qu'il y trouva ne le satisfit pas apparemment.

— Peuh! fit-il, ce n'est pas la peine. Prenez le reste; mais je vais lui renvoyer cela; c'est ma part de la prise, et je veux montrer aux dames de la cour ce que je suis. On ne se moque pas de moi impunément.

Il prit une plume et écrivit :

« Madame la comtesse,

« J'ai eu l'honneur d'avoir hier, sur la route de Fontainebleau, un instant de conversation avec vous. A la suite de cette conversation, vous avez bien voulu me remettre, avec toute la bonne grâce qui vous caractérise, un petit

13

portefeuille contenant mille louis, pour mes aumônes. Cette somme est si peu de chose pour vous, si peu de chose pour moi, que je vous la renvoie. Un homme comme moi ne peut dépouiller une princesse de Lorraine à si bon marché. Fi donc! c'est bon pour les filous du Pont-Neuf.

« Permettez-moi, madame la comtesse, de me mettre de nouveau tout à votre service, pour une autre occasion, et de déposer à vos pieds l'hommage de mon respect.

« POULAILLER. »

Cette lettre fit le tour de Paris et de Versailles. Madame de Brionne la montra même au roi, qui en rit beaucoup et prétendit qu'elle valait les mille louis. Madame de Brionne ajoutait, pour s'excuser d'avoir été si pingre, qu'elle ne s'attendait pas à l'honneur d'être volée par un *homme comme lui,* sans cela elle se fût mieux pourvue.

— Si je savais où le prendre, je le lui ferais dire pour m'excuser, ajoutait-elle.

— Madame, il y a un moyen bien simple, répliqua le duc d'Ayen; maintenant vous êtes prévenue, allez-vous-en sur quelque grande route avec cent ou deux cent mille livres dans vos poches, vous êtes sûre qu'il ne vous les renverra pas, puisque cela vous contrarie.

Poulailler fut encore plus heureux une autre fois. Il se vengea de la calomnie de la façon la plus comique et la plus innocente, du moins quant à ses résultats. Calomnier Poulailler! cela semble impossible, au premier abord, et c'est pourtant ce qui arriva, ainsi qu'on va le voir.

Ce grand homme avait eu des *affaires* à Bruxelles. On lui proposait *d'entreprendre* à forfait les routes des Pays-Bas, et de montrer aux bourgeois de la contrée ce que c'était qu'un brigand français de la bonne roche, car ils ne s'en doutaient pas. Jacques voulut aller traiter lui-même les conditions; elles ne lui semblèrent pas dignes de lui, et il prit pour revenir à Paris la diligence de Bruxelles, où se trouvaient entre autres voyageurs un abbé de Patter, chanoine du chapitre noble de la capitale du Brabant. Poulailler, déguisé en marchand de bestiaux, muni de papiers authentiques et d'une mine si naturelle que le plus fin y eût été pris, s'assit en face de ce dignitaire, et, après quelques tours de roues, entama la conversation avec lui.

Elle roula d'abord sur les affaires publiques, puis sur les affaires particulières de chacun, et, comme la nuit approchait, avant d'arriver à la couchée, la peur gagna les plus poltrons; le nom de Poulailler arriva tout naturellement à la suite.

— Oh! monsieur, quel homme épouvantable! s'écria une vieille dame, qui disait son chapelet dans l'autre coin de la voiture; on assure que pour lui rien n'est sacré; il pille les églises, il enlève les femmes; c'est à faire horreur, rien que d'y penser.

— L'avez-vous jamais rencontré, madame? demanda Poulailler d'un air innocent. Je gage que non, je gage qu'il vous eût respectée.

— Monsieur, vous êtes bien honnête.

— Oui, c'est un homme épouvantable, continua le chanoine, qui n'avait point fait attention à ce débat, j'en puis parler savamment, car je l'ai vu!

— Vous l'avez vu, monsieur, reprirent en chœur les voyageurs de devant et les voyageurs de derrière; vous l'avez vu, et il ne vous a pas tué?

— Non. Il a reculé devant moi.

— Comme il eût reculé devant madame, riposta Jacques, je le comprends. Il vous a volé, sans doute?

— Nullement. Je lui ai fait peur, vous dis-je, c'est un poltron!

— Jacques Poulailler un poltron! monsieur l'abbé, prenez garde à ce que vous dites là;

votre soutane ne garantirait pas votre peau... s'il
le savait, ajouta prudemment le marchand de
bestiaux, qu'un premier mouvement avait emporté.

— C'est cependant ainsi, monsieur, j'en puis
répondre. Poulailler, le fameux Poulailler, **a**
arrêté ma chaise l'année dernière sur la route
de Reims. Je lui ai présenté un pistolet, il a eu
peur, et il s'est enfui. Ainsi ne craignez rien,
mesdames et messieurs; s'il nous attaquait, je
connais la façon de m'y prendre, nous en serions
promptement débarrassés.

— Parbleu! monsieur le chanoine, vous de-
vriez bien donner votre recette à M. le lieutenant
de police, car il en est terriblement embarrassé,
lui! reprit Jacques. Puisque vous avez vu cet
homme dont on parle tant, vous serez bien

assez bon pour nous faire son portrait, afin que si nous le rencontrions nous sachions nous en défier.

— Je l'ai vu comme je vous vois. Il est petit.

— Bon.

— Il est laid, il est effroyable, son âme hideuse se voit sur son visage.

— Il y a de quoi donner la chair de poule.

— Il a les cheveux rouges, il est cagneux et voûté.

— Miséricorde! c'est un monstre.

— Un monstre au physique comme au moral.

— N'a-t-il point aussi des cornes? Il est fils du diable, assure-t-on.

— Des cornes! il a peut-être des cornes, je ne sais. Quand je l'ai vu, il était coiffé d'un affreux bonnet de coton, où le sang de ses victimes

innocentes et faibles avait laissé des traces.
Assurément il est capable de tout, et les cornes
ne m'étonneraient point de sa part.

— Poltron, cagneux, louche, les cheveux
rouges et un bonnet de coton? Oh! monsieur
l'abbé, c'en est trop, vous me le payerez! pensa
Jacques.

On causa de Poulailler pendant le souper, on
en rêva la nuit, on en causa encore le lendemain. A la dînée, Poulailler emmena la vieille
dame dans un coin, et, prenant les façons d'un
homme qu'un secret étouffe, il la supplia de
l'entendre.

— Hélas! monsieur, je le veux bien. Qu'avez-
vous à me communiquer?

— Une chose terrible, madame; un soupçon
qui me poursuit et qui prend à chaque instant

plus de consistance. Connaissez-vous ce monsieur de Patter, ce soi-disant chanoine?

— Non, monsieur, je ne le connais pas; il a l'air d'un saint homme et d'un homme bien résolu.

— Vous croyez? Je me trompe donc alors.

— C'est égal, monsieur, dites toujours.

— Mon Dieu! madame, je n'ose pas vous avouer pour qui je l'ai pris, après ce que je viens d'entendre.

— Croiriez-vous?... serait-il?... Vous me faites trembler.

— Je parlerai malgré tout, madame : si je me trompe, vous me garderez le secret; si je ne me trompe pas... je vous sauverai d'un danger terrible. Madame, cet homme ne s'occupe que de Poulailler; cet homme dit qu'il connaît Poulailler, que Poulailler est un poltron ; c'est faux, tout le monde sait jusqu'à quel point il est téméraire ; il dit que Poulailler est laid, rouge, louche, cagneux, que sais-je? Et Poulailler est un garçon jeune, bien découplé, d'une belle figure, personne ne l'ignore. Pourquoi ment-il ainsi?

— Hélas! monsieur, ce serait bien mal pour un homme de sa robe.

— Toutes les robes sont menteuses, madame, celle-là plus que les autres. C'est un faux chanoine, c'est un complice de Poulailler, c'est peut-être Poulailler lui-même; on raconte partout qu'il se déguise. Il nous donne un faux signalement, pour nous empêcher de le reconnaître. Il cherche à endormir nos craintes en nous assurant qu'il n'est pas redoutable, et, à la première occasion, la bande nous tombera sur le dos, nous

pillera, nous tuera, sans que nous songions
même à nous défendre.

— Oh! monsieur, je vois la trame, elle est
atroce, vous m'ouvrez les yeux. Cet homme est
un monstre qui nous abuse, il n'en faut pas
douter. Mais, que faire? Comment nous défen-
drons-nous?

— Il faut d'abord parler à nos compagnons de
voyage, il faut les éclairer, n'est-ce pas votre avis?

— Sans doute.

— Et puis, demain, tous ensemble, en arrivant, nous ferons notre déposition au magistrat,
et nous obtiendrons qu'on nous débarrasse de ce
misérable.

— Mais s'il nous massacre ce soir?

— Ah! voilà l'embarrassant. Où couchons-
nous?

— A Valenciennes, monsieur ; c'est une grande ville, c'est une ville française, et l'on nous accueillera bien.

Ce n'était pas le compte de Poulailler, il voulait pousser plus loin. Après bien des raisonnements, après avoir juré de faire bonne garde toute la nuit, il persuada la craintive dévote, et obtint d'elle la permission d'attendre jusqu'à la couchée du lendemain, dans un petit village, où nécessairement sa plaisanterie serait plus sûre de réussir, on n'y regarderait pas de si près.

Il ne perdit pas son temps : secondé par sa confidente, il endoctrina les voyageurs, au point de leur persuader à tous qu'ils avaient devant eux Poulailler en chair et en os. Si bien qu'à peine débarqués, ils s'en allèrent tous ensemble faire leur déclaration au bailli et dénoncer le fameux brigand. Quelle gloire pour un bailli flamand! arrêter cet homme, ce Protée qui échappait à tous les piéges, écrire à ses chefs :

— « Je tiens Poulailler! »

Le bon apôtre avait bien calculé là-dessus, il connaissait à fond toutes les vanités.

Réunissant toute la force armée du pays, tous ceux qui possédaient un bâton ou une fourche, le bailli vint à l'auberge, entouré de ses mirmidons et la fit cerner. Puis il entra dans la salle où le chanoine rongeait tristement la cuisse d'un chapon maigre, et, se tenant à distance respectueuse, il cria d'une voix de stentor :

— Jacques Poulailler! de par le roi, je vous arrête.

Le chanoine fit un saut de terreur.

— Hein! qu'est-ce que c'est? Poulailler! vous

arrêtez Poulailler? où est Poulailler? Prenez garde! tenez-le bien, ou nous sommes tous morts.

— Vous savez bien où est Poulailler, puisque c'est vous.

— Moi! moi! Poulailler! Vous déraisonnez, mon brave homme. Je suis M. de Patter, chanoine du chapitre noble de Bruxelles; demandez à tous ceux qui me connaissent.

— Nous savons vos ruses et vos déguisements, vous ne nous attraperez point. Suivez-moi de bonne volonté, ou je vous fais emporter par mes gens; nous vous avons fait une cage d'où vous ne vous échapperez point, en attendant qu'on vous en donne une plus forte et que nous ayons la consolation de vous voir pendre et rouer en Grève.

Le chanoine cria, réclama, hurla, se débattit;

on n'en tint compte : les paysans se jetèrent
sur lui, le lièrent fortement et l'emportèrent à
la prison du bailliage, où on le renferma, où on
le garda à vue, jour et nuit, pendant qu'on envoyait un courrier à M. le premier président du
parlement à Douai, au lieutenant de police et à
toutes les autorités de la province, pour leur
annoncer la nouvelle. Le pauvre chanoine, las
de se démener, s'était endormi.

Le bruit se répandit avec rapidité que le
fameux scélérat était enfin pris, qu'on l'avait
trouvé déguisé en chanoine; la nouvelle arriva
à Paris, comme arrivent les nouvelles, bonnes
ou mauvaises, sans qu'on sache comment. Zora
et Esculape en furent instruits des premiers. Le
désespoir de la bohémienne ne connut pas de
bornes. Elle déclara à Esculape qu'elle allait

partir pour rejoindre Jacques, que son sort serait
le sien, quoi qu'il arrivât. Elle partait en effet,
lorsque son bien-aimé parut devant ses yeux.
Elle faillit en mourir de joie. Il fut quelque peu
sensible à ce dévouement, et la pauvre femme
se crut en paradis, parce qu'il lui avait baisé la
main, habitude de gentilhomme que lui avait
donnée Wilhelmine.

Le chanoine de Patter fut conduit à Douai,
escorté par les populations furieuses; il se ca-
chait de son mieux et jurait ses grands dieux
qu'il était un pauvre chanoine, craignant son
évêque, la maréchaussée et messieurs du parlement, incapable de prendre une obole à personne, et ne demandant qu'à s'en retourner
dans sa maison, d'où il jurait de ne plus jamais
sortir.

Il avait un tel air de vérité que les magistrats commençaient à douter. Au fait, on n'avait
d'autres preuves que les témoignages de quelques voyageurs, dont le principal, le plus intelligent, avait disparu sans qu'il fût possible de
le retrouver. On écrivit à Bruxelles; des renseignements parfaits arrivèrent, mais le patient
était déjà relâché, d'après une lettre qu'on avait
reçue mystérieusement, et dont on se garda bien
de parler.

Poulailler avait écrit au lieutenant de police
qu'il le priait de relâcher son sosie, dont la punition avait été assez longue; il lui racontait ce
qui s'était passé dans la diligence, les mensonges
du Flamand, la vengeance qu'il en avait tirée,
et la joie qu'il avait éprouvée en dénonçant
lui-même un faux Poulailler, pendant qu'il se

dérobait aux recherches et qu'il se moquait du bailli d'une façon magistrale.

Malgré tout ce qu'on fit, pour conserver le secret, l'histoire fut connue et elle prêta le flanc à mille plaisanteries, dont les plus honnêtes gens ne se privèrent pas. En France on est presque toujours du parti de l'esprit, quand il réussit surtout, et quand il réussit contre le plus fort.

Cette aventure céda bientôt devant une autre, plus étrange encore, qui mit le comble à la réputation de notre héros et dont toute la France s'entretint. Ce fut, hélas! la dernière de sa vie, il la paya de sa tête, et il eut la hardiesse de prétendre qu'il ne la paya pas trop cher.

M. Hérault, furieux de n'avoir pas pu arrêter cet homme, qui le narguait et lui échappait sans cesse, fit faire une seconde proclamation et afficher partout la fameuse récompense dont l'amour-propre du voleur était si fort blessé, et sans y ajouter un mot, ni y changer un *iota.*

— Quoi! je n'en ai pas fait assez encore pour valoir un peu plus, dit-il à Esculape; ah! pour cette fois nous verrons, et M. Hérault me le payera aussi cher que le chanoine; il ne faut pas se laisser manquer de respect.

Il s'habilla donc un matin en homme de cour, s'en alla chez le lieutenant de police et lui fit annoncer le marquis de Villeneuve.

M. Hérault ordonna qu'on l'introduisît, et un certain faquin, bien tourné, admirablement mis portant le nez au vent, se présenta et réclama une entrevue particulière, aussi secrète que possible.

— A vos ordres, monsieur le marquis, répondit

le lieutenant de police; passons dans ce cabinet,
j'y donne mes audiences, lorsque, comme vous,
on demande à me voir en secret.

Il le fit passer devant, suivant les honneurs
dus à sa qualité, et, lorsque la porte fut fermée,
il le pria de s'asseoir.

— En quoi puis-je être assez heureux pour
vous obliger, monsieur le marquis? demanda le
magistrat.

Le nom de Villeneuve, un des plus illustres
de France, était de ceux qui sonnaient bien aux
oreilles d'un homme qui connaissait tout le
monde.

— Monsieur, je viens réclamer de vous l'exécution d'une promesse.

— Quelle qu'elle soit, monsieur, si j'ai promis, je suis prêt à tenir.

— Cette promesse est authentique, monsieur ; la voici signée de votre nom, vous ne la dénierez pas, je suppose.

Il lui présenta l'affiche imprimée, par laquelle il annonçait l'intention de donner cent pistoles et une place de deux mille livres à celui qui livrerait Poulailler. Le lieutenant de police la regarda, et la rendant au soi-disant marquis :

— Rien n'est plus vrai, monsieur, ajouta-t-il ; pourtant je ne sais pas en quoi cette affiche peut vous concerner.

— Je vous prie simplement de faire préparer la patente de la place et les cent pistoles, monsieur, car elles sont à moi.

— A vous, monsieur le marquis !

— A moi, monsieur ; vous avez promis de les donner à quiconque vous livrerait Jacques Poulailler, et je vous amène Jacques Poulailler.

— Fi! le vilain métier d'espion que vous faites là, monsieur le marquis, pour un homme de votre nom!

— C'est ainsi que vous estimez vos créatures, monsieur Hérault; il y a plaisir à servir un maître si reconnaissant.

— Monsieur, nous récompensons, mais nous n'estimons pas.

— Donnez donc vos ordres pour qu'on me récompense alors; à défaut de l'estime, j'ai droit à ce qui m'appartient.

— Aussitôt que vous aurez remis le voleur entre mes mains, on vous payera.

— Vraiment! Eh bien, moi, je ne me contente pas de la récompense, il me faut autre chose encore.

— Ce n'est pas assez?

— Non.

— Que voulez-vous?

— Je veux, monsieur le lieutenant de police, je veux vous donner une leçon dont vous vous souviendrez, je l'espère. Oh! ne bougez pas, n'appelez pas, ce poignard est empoisonné, il sera dans votre poitrine avant qu'on arrive jusqu'à vous. Je sais combien de pièces nous séparent de vos alguazils, et d'ailleurs vous ne les ferez point venir, je vous en ôterai les moyens.

Un revers du poignard coupa le cordon de la sonnette, une poire d'angoisse et un bâillon qu'il tenait tout prêts dans sa poche furent appliqués dans la bouche de M. Hérault, une corde de soie, destinée d'avance à cet usage, le lia solidement à l'anneau d'une armoire. En cet état il ne pouvait ni remuer ni parler.

— La, la! de la patience, monsieur Hérault, vous m'écouterez bien un peu, que diable! Vous ne l'eussiez pas fait sans ces petites précautions, et j'avais besoin d'un instant d'audience. Je vous ai promis de vous livrer Poulailler, je vous livre Poulailler; il s'agit seulement de le prendre, et ce n'est pas si facile qu'on le croit.

Tout en parlant, il agissait. Il avait déjà décroché les montres, pris les menus joyaux.

— Vous avez là un joli coffre-fort, je vais lui dire deux mots. Ce sera une instruction pour vous; je gage que vous n'avez jamais vu décrocher de serrure, vous saurez maintenant comment on s'y prend. Tenez, en deux tours de main, c'est fait. Vous conviendrez maintenant

14

que Poulailler vaut plus de cent pistoles, et qu'une misérable place de deux mille livres ne payerait pas ce tour-là. Si Cartouche a été estimé soixante mille livres, il n'avait du moins pas trouvé le moyen de vous dire en face que c'était trop peu. Des hommes comme nous sont inestimables, entendez-vous, monsieur? On n'en trouve pas souvent, tandis qu'il y a toujours des lieutenants de police.

Il regarda autour de lui, s'assura qu'il ne laissait rien, engouffra ses outils, son butin, dans ces immenses poches de voleur qui ressemblaient à des besaces et dont ils ont seuls la tradition.

— Je n'ai plus rien à faire ici, mon cher monsieur Hérault, je me retire, et je suis le plus humble, le plus dévoué de vos serviteurs.

Il ouvrit la porte, salua jusqu'à terre, salua encore, s'en alla à reculons, ferma les autres portes qui séparaient le cabinet des bureaux, descendit l'escalier comme un éclair, trouva en bas Esculape et un carrosse, dans lequel il monta vite, changea de costume et de visage et arriva ensuite chez le lieutenant criminel, sous prétexte de prendre un renseignement sous la figure d'un bourgeois pacifique, étonné de tout, mais en réalité dans l'intention de voir par lui-même ce qui se passerait après son départ.

Cette hardiesse sans pareille le sauva. M. Hérault resta quelques minutes seulement dans cette position dangereuse. Son secrétaire avait une signature à lui demander. Il frappa à la porte du cabinet ; voyant qu'il ne lui répondait point, il frappa encore. Il avait vu sortir le faux marquis de Villeneuve, M. Hérault devait être seul. Il allait se retirer, pensant que, sans doute, son chef ne voulait pas être dérangé, lorsqu'il lui sembla entendre un faible gémissement. Il prêta l'oreille et en entendit un autre. Il se décida à entre-bâiller la porte et à jeter un coup d'œil dans le cabinet.

— Pardon, monsieur, si je suis indiscret; il me semble que vous souffrez, et je viens...

Il aperçut le pauvre lieutenant de police, rouge comme une pivoine et sur le point d'étouffer.

— Oh! mon Dieu! qui vous a arrangé ainsi?

Il se hâta de le délier, de lui jeter de l'eau au visage et de lui rendre l'usage de la parole.

— Qu'on aille! qu'on coure! qu'on fouille

tous les environs; il me faut ce marquis de Villeneuve.

— Comment, un gentilhomme de ce nom s'est permis!...

— Eh! monsieur, ce gentilhomme, c'est Poulailler. Il m'a dévalisé complétement, s'est moqué de moi et il est parvenu à vous tromper tous : vous êtes donc des buses?

On aurait pu lui répondre :

— Et vous?

En un clin d'œil tout fut sens dessus dessous dans l'hôtel. On cherchait de tous les côtés, on envoyait dix messagers à la fois. On visita les carrosses, les maisons environnantes, on interrogea les portiers, les commissionnaires. Un d'eux avait remarqué le marquis de Villeneuve et la précipitation avec laquelle il s'était élancé

14.

dans un carrosse sans armoirie, où l'attendait un gros vieux laquais. Cet indice fut recueilli, et on courut dans la direction indiquée et la police ne ferma pas l'œil de trois jours.

Pendant ce temps le dialogue suivant avait lieu dans un coin des bureaux entre un commis et un brave homme de modeste et simple apparence :

— Monsieur, je viens vous demander un renseignement, dont j'ai besoin pour mon commerce.

— Monsieur, c'est mon devoir de vous le donner.

— Quand je vous dis pour mon commerce, hélas! il s'agit de plus encore; mais ici il n'y a pas d'inquiétudes à avoir, n'est-ce pas?

— Monsieur, nous sommes discrets par état.

Tout en parlant le regard du marchand trottait par-dessous ses lunettes. On entendit un grand bruit du côté du cabinet de M. le lieutenant de police, tout le monde parlait à la fois.

— Pardon, monsieur, qu'est-ce cela?

— Je ne sais, monsieur. Si vous vouliez me dire votre nom et ce qui vous amène...

— Monsieur, je m'appelle Joseph Durand, je demeure à Versailles, j'y vends du drap; j'avais un commis, ce commis a enlevé ma fille, je ne sais ce qu'ils sont devenus, je les cherche depuis huit jours, et je vous supplie d'avoir pitié d'un malheureux père.

Ils furent interrompus par l'explosion de la nouvelle, que chacun répéta. Les ordres se croisèrent en tous sens, les commissaires appelés entraient et sortaient. M. Hérault lui-même se montra un instant comme un général d'armée qui dirige ses troupes. Son visage altéré, sa voix brisée, indiquaient combien il avait souffert. Ce tumulte ne pouvait manquer d'occuper le brave M. Durand.

— Monsieur, qu'est-ce qu'on dit? Qu'est-ce que ce monsieur?

— Ce monsieur, c'est M. le lieutenant de police : on dit une chose inouïe, sans exemple. Poulailler a eu l'audace de se présenter ici; il est entré dans le cabinet de monseigneur sous un faux nom, sous le déguisement d'un seigneur.

— Est-il Dieu possible! s'écria le bourgeois terrifié.

Et le commis, enchanté de la circonstance, raconta en détail ce qu'on venait de lui apprendre, pendant qu'il avait laissé son client pour quelques minutes. Celui-ci poussa des cris de détresse.

— Quoi ! Poulailler ! Quoi ! ce misérable ! Il a osé !... Où sera-t-on en sûreté désormais ? Il se déguise ainsi, et en seigneur encore ! Oui, je me le rappelle, je l'ai vu passer là, pendant que je vous parlais, c'était lui ! Il y a de quoi mourir de peur. Et il embaumait le musc encore !

Le commis ne manqua pas de jurer qu'en effet ils l'avaient vu passer ensemble, de sorte que lorsqu'on voulut fouiller et interroger M. Joseph Durand, il répondit de lui sur sa tête. La scène dura ainsi plus de deux heures.

On ne comprend pas une témérité semblable. Un mot, un geste, un regard pouvaient le trahir. Lorsqu'il était avec M. Hérault, une affaire pressante pouvait amener quelqu'un, un grand personnage pouvait forcer la porte, mille chances contre une devaient le perdre. Il savait tout cela, il avait tout calculé, et néanmoins il tenta l'aventure. Ces hommes de fer, s'ils dirigeaient leurs facultés vers le bien, feraient des héros.

Pour rendre la chose complète, Poulailler écrivit le lendemain à l'employé compatissant qui se donnait tant de peine pour retrouver sa fille. Il lui raconta, avec son esprit ordinaire, la farce qu'il lui avait jouée, le remercia chaleureusement de l'appui qu'il lui avait prêté, et du divertissement qu'il lui avait donné en lui procurant la joie de se voir chercher par tant de monde, tandis qu'il était tranquillement assis. Il finissait par un conseil. En lui renvoyant la clef de son bureau, qu'il avait retirée, il l'engageait à mieux surveiller les inconnus, et à ne pas les laisser seuls à même de fouiller dans ses tiroirs. Il lui avait enlevé l'argent du roi, dont il était responsable, et il espérait qu'il ne lui garderait pas rancune de lui faire payer une si bonne leçon quelques misérables centaines de livres.

Ce n'était plus de la fureur, c'était de la rage que M. Hérault et ses agents avaient contre le chef des bandits. Ils ne dormirent plus, ils remuèrent Paris et la France, ils cherchèrent jusque dans les entrailles de la terre, et ne découvrirent rien du tout. Poulailler était gardé par son audace même, il n'était jamais où on le cherchait. Ses déguisements innombrables, l'art de se grimer, qu'il possédait à un degré supérieur, lui servaient aussi admirablement. Il avait ensuite autour de lui une phalange enthousiaste, dévouée. Le menu fretin des voleurs ne savait jamais où le prendre et les chefs connaissaient trop le prix d'un pareil chef pour le livrer. D'ailleurs, il existait entre eux un pacte terrible. Celui qui l'aurait trahi eût expié cette trahison par des supplices épouvantables. Ils se connaissaient assez entre eux pour être sûrs de n'y pas échapper. L'association avait des rameaux partout, on ne pouvait les couper tous à la fois, et la vengeance devait s'accomplir.

Il fallait une circonstance imprévue pour conduire ce grand coupable à l'échafaud. Maintenant, la comédie de son existence est finie, et nous allons entrer dans le drame qui la termine.

VI

Mademoiselle de Kirbergen s'était rétablie du coup qu'elle avait reçu, mais, à dater de ce moment, son caractère et ses habitudes changèrent. Elle devint sombre, impatiente et haineuse. Sa colère savait se contraindre pour éclater plus violente encore dans le moment qu'elle avait choisi. Elle voulut rester la maîtresse de Jacques pour conserver l'esprit de domination qu'elle exerçait sur la troupe. D'ailleurs, en dépit de tout, elle l'aimait encore. Elle ne pouvait retourner en arrière, son nom, son rang, sa fortune, sa famille, elle avait tout sacrifié, et les femmes, plus que les hommes encore, s'attachent par les sacrifices qu'elles font.

Zora et elle se détestaient. De tous ceux qui entouraient le maître, la bohémienne seule ne se soumettait point à ses caprices. Elle lui résistait et la bravait en face. Wilhelmine affectait avec elle des airs de hauteur et de mépris que Zora n'acceptait point. C'était entre elles une lutte incessante, et Poulailler, loin d'y mettre un terme, se divertissait à l'exciter encore.

Dans ses courses, il rencontra une belle fille, une Anglaise, dont il devint amoureux au point de vouloir l'épouser, à la manière des voleurs, bien entendu. Elle lui résistait, elle faisait la cruelle, afin de le maintenir à ses pieds et de lui faire chasser ses rivales. La passion de cette blonde et blanche créature était la vanité et la domination.

Mademoiselle de Kirbergen, à laquelle l'ordre fut donné de céder la place, répliqua qu'elle n'en ferait rien ; elle avait tout quitté pour son amant, il ne lui restait plus d'asile ni de protecteur en ce monde, et on ne pouvait la renvoyer ainsi ; elle s'était liée à Jacques éternellement, aucune autre femme ne devait prendre sa place, elle la garderait.

D'un autre côté, Nelly insistait vivement. Si elle ne devenait pas la reine des sujets de Jacques, Jacques n'était rien pour elle. C'était la plus belle vocation à la couronne de papier d'or qui se puisse imaginer. Celui-ci écumait de rage.

Deux femmes lui résistaient, à lui! Deux femmes reniaient sa volonté! Il eut bien vite pris son parti de briser l'obstacle, de se débarrasser de celle qui le gênait. Esculape reçut ordre de lui fournir un petit poison, bien anodin, bien sucré, qui ne fît point souffrir et qui envoyât Wilhelmine dans l'autre monde.

Par un hasard étrange, le charlatan se trompa, lui si expert! Il lui donna la dose trop forte, elle la rendit sur-le-champ et en fut quitte pour quelques semaines d'horribles souffrances et pour sa santé perdue. Cependant Nelly daigna se contenter de cette tentative, elle se laissa conduire à la chambre nuptiale, et, pendant un mois, Poulailler se crut par sa possession le plus heureux des hommes. Elle était belle, elle était froide et pervertie en même temps. Cruelle et sordide, elle aspirait à des trésors, à une vie splendide, élégante ; le bouge où elle trônait exaltait ses instincts. Jacques ne pouvait être pour elle qu'un marchepied, un moyen de parvenir, c'était enfin pour lui le plus dangereux commerce ; il était trop amoureux pour s'en apercevoir.

Mais Zora veillait pour lui, Zora dont la tendresse éclairée, infatigable, l'entourait d'une surveillance perpétuelle. Dès qu'elle vit cette Anglaise, dès qu'elle l'entendit parler surtout, elle s'en défia. La connaissance parfaite qu'elle avait du cœur et des habitudes de son amant ne lui laissaient point d'inquiétude d'avenir, ce caprice passerait comme les autres ; il fallait seulement attendre. Toute la question était de savoir si pendant ce temps les mauvaises passions de Nelly ne la porteraient pas à quelque démarche irréparable, contre celui qu'elle aurait défendu au péril de sa vie. Zora raconta ses craintes à Esculape. Wilhelmine, confinée dans son lit, ignorait même qu'elle eût une rivale triomphante.

— Je me défie de cette fille couleur de laine, à la peau délicate et blanche, disait la bohémienne; elle est ambitieuse, elle veut des trésors et des honneurs, elle a soif de plaisirs. Notre vie cachée ne peut lui convenir longtemps; elle voudra s'échapper, et, pour se garantir des suites, elle nous vendra.

— Cela se peut. Mais nous dirions ces choses à Poulailler qu'il ne nous croirait point et qu'il ne prendrait aucune précaution contre elle.

— Aussi ne faut-il rien lui dire et agir à son

insu. Esculape, si nous aimons Abenhama, nous devons prévenir cette traîtresse et nous défaire de ses charmes dangereux. Je la vois, elle s'ennuie déjà, ce ne sera pas long ; les mauvaises pensées lui viendront bientôt.

— Pourtant Jacques lui a prodigué tous ses dons, il lui a fait une chambre digne d'une reine, il lui donne des joyaux, des habits, elle est servie à genoux par des esclaves, elle mange dans de la vaisselle d'or. Il l'adore, il est à ses pieds, il lui répète sans cesse qu'elle est belle comme les déesses. Que lui faut-il de plus?

— Il lui faut des envieux qui souffrent de sa magnificence, il lui faut des rivales à écraser, il lui faut des admirateurs, il lui faut des courtisans. A quoi bon ce luxe si elle n'a personne pour en jouir avec elle? Tu ne connais pas les

femmes, Esculape; quand elles aiment, elles
offrent tout à leur amour et leur amour remplit
l'univers. Quand elles n'aiment pas, l'univers
n'est pas assez grand pour leur donner les
jouissances qu'elles rêvent, et cette Nelly n'aime
pas Abenhama.

Le soir même où cette conversation avait eu
lieu, une faible circonstance, inaperçue pour
tout le monde, mais qui ne pouvait échapper au
dévouement de Zora, fit plus que confirmer ses
soupçons. Nelly avait désiré un oiseau des Indes,
elle avait tourmenté Jacques pour qu'il en achetât
un, ou qu'il le volât, n'importe, mais elle le
voulait. On n'en trouvait nulle part. Nelly était
sortie déguisée la veille en bouquetière; elle
avait parcouru le Palais-Royal et les Tuileries.
Zora, écartée par ses soins, n'en avait pas été

instruite. Lorsque l'Anglaise rentra, elle annonça triomphalement à Jacques qu'elle avait découvert un perroquet tel qu'elle le désirait depuis si longtemps ; elle lui indiqua l'endroit, et lui fit promettre qu'il l'enverrait chercher le soir même.

Le capitaine n'eut garde de le refuser. Elle en sauta de joie. Il fallait un commissionnaire intelligent, Zora se proposa et fut acceptée. La physionomie de l'Anglaise exprima une vive contrariété, mais il n'y avait pas moyen de faire autrement. Zora partit. Elle trouva la boutique, elle trouva l'oiseau, le paya, le prit avec sa cage et se remit en route. Malgré elle, cette fantaisie lui sembla bizarre ; elle voulut y voir un commencement de trahison, un signal peut-être, un avertissement, et se résolut à éclaircir ses doutes.

15.

Au lieu de porter l'oiseau à celle qui le désirait
tant, elle retourna à la boutique. On l'avait
beaucoup et curieusement regardée, on lui avait
fait quelques questions. L'habit de page qu'elle
portait avait fourni quelques plaisanteries. Un si
beau page devait appartenir à une belle maîtresse, et mille autres choses encore. Zora enre-
gistrait tout dans sa mémoire, et puis le marchand lui avait paru être un Anglais, c'était un
indice de plus.

Elle revint donc avec son oiseau et sa cage.

— Monsieur, dit-elle, je suis bien fâché de
vous le dire, pourtant je dois exécuter les ordres
de ma maîtresse, elle ne veut plus de votre perroquet. Elle assure que vous vous êtes trompé,
ce n'est pas celui-là qu'elle a vu, qu'elle a choisi.
Elle m'a commandé expressément de vous le

rapporter et de vous bien faire comprendre
qu'elle avait changé d'avis.

— Ah ! répliqua le marchand, avec une physionomie fort attrapée, elle a changé d'avis !
Est-ce irrévocable, ou bien y a-t-il un retard
seulement ?

— C'est ce que j'ignore.

— Comment, après avoir tant promis, après
m'avoir laissé si sûr de mon fait, au moment où
je crois avoir vendu cet animal dont le prix
m'embarrasse, me le renvoyer ! C'est un vilain
tour !

— Rendez-moi l'argent, je vous prie.

— La difficulté n'est pas là, le voici, votre
argent. Mais... mais... je voudrais savoir seulement si elle me prendra cet oiseau un autre
jour ; je le lui garderais.

— Il faut le lui demander, je m'en charge.

Le visage de l'Anglais exprimait une contrariété de plus en plus vive ; il tournait la cage en
tous sens, il caressait le perroquet, il regardait
Zora, et celle-ci ne le quittait pas de l'œil. Il se
décida enfin à compter les trois cents livres qu'il
avait reçues ; la bohémienne les reprit avec insouciance, et lui demanda de même s'il n'avait
rien de plus à faire dire à sa maîtresse.

— Non, rien. Je suis très-désolé de ce contre-
temps, très-désolé, faites-lui en part. J'attendais
mieux. Une si belle dame ! On ne trompe pas les
gens ainsi. Comment faire à présent ?

Zora, sans pouvoir dire ce qu'il y avait dans
tout cela, flaira quelque chose ; elle sentit la trahison, cette vente était une feinte. Peut-être
Jacques était-il livré déjà. Peut-être l'Anglaise

n'était-elle venue près de lui que pour le perdre. La dévouée créature tenait un fil conducteur, elle saurait bientôt le reste.

En rentrant à la maison, si l'on peut appeler maison une masure située dans un quartier perdu et machinée en dedans comme le théâtre de l'Opéra, Zora monta directement à la chambre de Nelly ; elle était sûre d'y trouver Jacques. Il ne sortait plus, il ne quittait pour ainsi dire pas les genoux de sa maîtresse, et celle-ci par conséquent n'avait pas la liberté de sortir non plus. Les expéditions se faisaient sans lui, il donnait négligemment ses ordres. On murmurait dans la troupe. Quand le maître était amoureux, les intérêts de tous en souffraient.

Nelly, dès qu'elle vit Zora, lui demanda son oiseau si désiré.

— L'oiseau, répondit l'autre, il est vendu, on ne peut l'avoir.

Nelly, à cette nouvelle, entra dans une vraie colère ; elle jeta son assiette à la tête de Zora, et Jacques, partageant son désappointement, s'emporta jusqu'à frapper l'Égyptienne. Celle-ci tendit le dos, se laissa battre et ne se plaignit pas. Mais son projet était formé, ses soupçons avaient un but et maintenant elle était sûre de son fait. Nelly était une misérable et Zora sauverait son amant.

Le lendemain, elle retourna chez l'Anglais, avec la résolution bien arrêtée de n'en pas sortir sans savoir la vérité.

— Monsieur, dit-elle, ma maîtresse m'envoie vous dire qu'elle reprend le perroquet.

— Ah ! tant mieux ! répliqua le marchand

avec une joie sensible. Et quand cela ?

— Dans trois jours, après-demain.

— Cela est-il bien sûr, cette fois? Y peut-on compter?

— On y peut compter. Je suis dans tous les secrets de ma maîtresse et je vous répète de sa part de tenir la cage prête pour ce jour-là. Me comprenez-vous?

— Parfaitement, parfaitement, la cage sera prête, vous pouvez le dire, et l'on n'oubliera rien de ce qui a été convenu, votre maîtresse sera contente.

Zora brûlait du désir d'en savoir davantage, de questionner le marchand ; elle ne l'osa pas dans la crainte de donner des soupçons, elle devait paraître instruite pour attirer la confiance. Un dernier mot qui lui fut jeté en partant, lui

aurait ôté tous ses doutes, si elle en avait
conservé.

— Que votre maîtresse enfin tienne ce qu'elle
a promis, on le tiendra comme elle. Vous semblez
un garçon intelligent, fidèle, vous n'aurez pas à
vous plaindre non plus. A après-demain donc,
ainsi qu'il a été arrêté.

Zora sortit convaincue. Il n'y avait pas à hé-
siter, pas un moment à perdre, il fallait déjouer
les projets perfides, il fallait sauver Jacques et le
sauver malgré lui. Elle n'avait de complice pour
y parvenir qu'Esculape et son propre dévouement, elle devait se cacher même des amis dévoués du capitaine, une indiscrétion pouvait
tout perdre. En arrivant près d'Esculape, son
plan était fait. Le vieux charlatan entendit avec
horreur le récit de Zora ; son premier mot fut

que Nelly devait mourir et qu'il s'en chargeait.

— Oh! non, s'écria l'Égyptienne, tu la manquerais encore, cela me regarde. Je ne te demande que de m'aider à éloigner Jacques; pour le reste, je me charge de tout. La bande y perdra peut-être de l'or, des bijoux et des richesses; elle y perdra un de ses refuges, mais Abenhama sera sauvé et il apprendra à se défier des sirènes.

La journée du lendemain se passa dans le calme. Zora ne quitta pas Nelly d'un instant; elle demanda à se promener, Zora répondit qu'elle sortirait avec elle, si Jacques ne l'accompagnait pas. Jacques, lui, ne désirait qu'une chose, rester près d'elle, lui parler d'amour, la contempler, comme les amoureux bien épris; il désira ne pas quitter leur chambre, où il se trouvait si bien à ses côtés; Nelly dut rester et fut très-visiblement contrariée.

Le grand jour se leva ; ce jour qui devait éclairer des événements merveilleux et qui n'éclaira rien du tout qu'une vengeance. Jacques avait eu une légère querelle avec sa maîtresse, une querelle cherchée et envenimée par elle, afin de l'éloigner. Zora le comprit. C'était un mauvais moyen; il la quitta encore moins, il guettait le raccommodement.

Vers l'après-midi, Esculape arriva. Il avait besoin de parler au capitaine, et le pria de venir avec lui dans une salle à côté. Aussitôt qu'il y fut entré, cinq hommes se jetèrent sur lui, le garottèrent, l'emportèrent par leurs chemins souterrains et ne lui rendirent la liberté que pour l'enfermer dans une chambre sans issue et

sans moyens de défense. On l'avait pris à l'improviste; il se crut trahi et se prépara à mourir
bravement. L'infidélité de son vieil ami le
frappa au cœur, et si Zora avait pu lire dans sa
pensée, elle eût été bienheureuse; il songea à
elle sur-le-champ, et n'eut d'espoir qu'en elle;
si elle pouvait découvrir où on l'avait célé, elle
le délivrerait, dût-elle bouleverser tout Paris
pour y réussir.

Pendant ce temps, en effet, Zora le sauvait du
plus grand péril qu'il eût jamais couru. Aussitôt
qu'on l'eût enlevé, elle renvoya les femmes at-
tachées par lui au service de sa maîtresse et
resta seule avec celle-ci. La belle Anglaise se
préparait déjà à s'échapper; la bohémienne
l'examinait les bras croisés, un sourire sardo-
nique sur les lèvres; lorsqu'elle la vit prête à

sortir, elle s'écarta pour lui livrer le passage.
Nelly essaya d'ouvrir la porte par laquelle Jacques était sorti ; elle la trouva fermée en dehors, elle courut à l'autre, elle était fermée également. Se retournant vers Zora, elle lui demanda impérieusement ce que cela signifiait.

— Cela signifie, infâme misérable, que tu ne sortiras plus d'ici vivante, cela signifie que tu as trahi Abenhama, que tu devais le livrer aujourd'hui et que je vais te tuer.

Nelly poussa les hauts cris. Le visage de Zora, l'expression furieuse de son regard, étaient pour sa rivale un arrêt de mort. Elle appela Jacques, elle appela ses femmes.

— C'est inutile, Jacques ne t'entendra pas, il a été enlevé, car sa faiblesse aurait voulu te sauver malgré moi. Tes femmes savent que tu es

une misérable, elles ne te défendront pas. Prépare-toi. Si tu as un Dieu, invoque-le, car tu vas
mourir.

— Non, non, bonne Zora, non, tu ne me
tueras pas, je t'avouerai tout, je me retirerai
dans mon pays, tu ne me craindras plus, je ne
reverrai jamais Jacques, je te le jure. Mais
laisse-moi sortir.

— Prépare-toi à mourir, te dis-je ; rien ne te
sauvera, tu es condamnée et tu as mérité la
mort.

— Eh bien ! non, je ne mourrai pas, je me
défendrai ; tu n'es qu'une femme comme moi,
après tout.

Elle se jeta la première sur son ennemie. Une
lutte terrible s'en suivit, toutes les deux jeunes,
vigoureuses, l'une défendant sa vie, l'autre dé-

fendant son amant, plus cher que la vie pour elle. Elles ne parlaient pas, elles visaient, elles haletaient, elles se serraient à s'étrangler, arrachant leurs beaux cheveux et déchirant leurs peaux de satin. Zora était armée d'un poignard, Nelly cherchait à le lui arracher; le sang coulait déjà, enfin Zora, plus forte peut-être, plus adroite assurément, réussit à prendre les deux mains de Nelly, à les tenir dans les siennes et à lui ôter toute défense. L'Anglaise sentit qu'il ne lui restait plus de ressource, qu'elle allait périr; par un effort suprême, elle mordit le bras de Zora et la força à lâcher prise. Le combat recommença de nouveau, mais Nelly était épuisée, elle ne se défendit pas longtemps. Zora saisit le moment où elle faiblissait et lui enfonça son poignard dans la gorge. La belle fille retomba morte sur ces coussins où si peu d'heures auparavant un amant passionné la serrait dans ces bras.

Lorsque Zora la vit ainsi, baignée dans son sang, elle eut peur de son courage et se demanda comment elle oserait reparaître devant Poulailler, après ce qu'elle avait fait. Que lui répondre lorsqu'il lui demanderait compte de cette femme qu'il aimait, et quand elle lui répondrait : je l'ai tuée, parce qu'elle te trahissait Où lui en montrerait-elle la preuve? La police allait faire une descente dans leur repaire et l'y trouverait-elle seule en face de ce cadavre? On l'arrêterait, on la mènerait au supplice, seule; elle ne reverrait plus Abenhama; elle mourrait sans lui, le but de toute son existence était manqué; pour la première fois de sa vie, Zora se sentit trembler. Elle resta anéantie devant sa victime, sa passion assouvie lui permettait le raisonnement, elle se voyait dans un abîme. Une seule ressource lui restait, la fuite. Elle était sûre d'Esculape, elle savait bien qu'il ne la dénoncerait pas et que Poulailler ignorerait le nom de l'assassin. Après un assez long temps, elle se décida à ouvrir la porte. Tout était désert : les femmes s'étaient sauvées, elle restait seule, elle n'avait plus qu'à retrouver ses amis, et annoncer au *docteur* que justice était faite.

Cependant Poulailler, enfermé par les siens, éprouvait toutes les horreurs de la prison. Nul n'osait s'approcher de lui, on redoutait l'explosion de sa colère. La nuit arrivait, il fallait cependant mettre un terme à sa captivité.

Zora avait rejoint Esculape, ils se consultaient.

Si la trahison avait été complète, l'invasion de la maréchaussée et des sergents les justifierait; mais si l'Anglaise devait les guider elle-même, si elle n'avait fait que des demi-aveux, ils avaient tout à craindre de la fureur de Jacques.

— Qu'importe! s'écria enfin Zora, je lui parlerai, il me tuera s'il veut, pourquoi trembler devant lui? J'ai bien agi, je ne dois rien craindre. Je vais tout lui avouer.

Esculape lui offrit de l'accompagner, dans la crainte d'un premier mouvement de rage, et pour la protéger.

— Non, je veux être seule avec lui. Il est mon maître, et je me soumets d'avance à ce qu'il décidera de moi.

Elle marcha résolûment vers le cachot, ouvrit la porte, et dès qu'il la vit, il s'écria :

16

— Ah! Zora, je suis sauvé! Je t'attendais,
j'étais bien sûr de toi, je savais que tu me
trouverais. Les traîtres vont avoir beau jeu.

Au lieu de lui répondre, Zora se mit à ses
genoux.

— Les traîtres sont punis, Abenhama, et
punis par moi, je te supplie de me pardonner
ce que j'ai fait; mais si tu ne me pardonnes
pas, si tu me tues, je mourrai heureuse, ma vie
rachètera la tienne.

— Quoi! Esculape...

— Ce n'est pas Esculape, Esculape ne t'a pas
trahi, Esculape et tes amis et moi nous avons
déjoué la trahison et, comme tu aurais refusé de
nous croire, nous t'avons mis hors d'état de
nous embarrasser.

Elle lui raconta ce qui s'était passé, comment

il était vendu, comment le perroquet était un signal, et comment elle avait poignardé l'Anglaise. Poulailler l'avait écoutée jusque-là sans l'interrompre, la sueur coulait de son visage ; il se faisait une violence extrême ; mais lorsqu'il apprit la mort de Nelly, il se leva comme un furieux, jeta un cri affreux, prit Zora comme un enfant par la taille, et, à défaut d'armes, la serra si fortement de sa terrible main, qu'elle tomba mourante, étouffée presque sur les dalles, où elle se fit à la tête une blessure profonde ; son sang coula. Elle ne jeta pas un cri.

Esculape l'avait suivie et guettait ; il accourut, suivi des principaux de la bande, il était trop tard. Ils trouvèrent leur chef dans une épouvantable colère, et comme le vieillard se penchait vers Zora, pour lui donner des secours, Poulailler le repoussa brutalement :

— Laissez-la, qu'elle meure, cette coquine, dont la jalousie a détruit le plus bel ouvrage de la nature, ma bien-aimée Nelly !

Esculape ne se laissa pas intimider, il supporta le regard et la furie du capitaine, et lui répondit hardiment :

— Si tu traites ainsi ceux qui te préservent de la trahison, Poulailler, tu encourageras la trahison et tu n'auras plus que des traîtres autour de toi.

Un mouvement d'approbation circula dans la foule et encouragea Esculape.

— Prends-y garde, ajouta-t-il, je ne réponds plus de rien, nous ne te garderons plus, si c'est là la récompense.

Et tout de suite il lui confirma la trahison de
l'Anglaise, lui offrit de se déguiser, d'aller rôder
près du marchand d'oiseaux et de s'assurer par
lui-même de tout. Quelque amoureux qu'il fût,
Poulailler n'oubliait pas longtemps le soin de sa
sûreté, il se calma sans consoler sa douleur, et
consentit à suivre un des principaux de la troupe,
nommé Landry, espèce de spadassin, de chevalier d'industrie, fort adroit, fort beau, fort intelligent, ayant des manières de gentilhomme,
dont l'origine était inconnue, bien qu'il se pré-
tendît fils naturel d'un prince, qu'il ne nom-
mait jamais, pour cause, sans doute. Il se disait
l'ami dévoué de son chef, et l'avait prouvé jusque-là. Tous les deux, vêtus en bons bourgeois,
avec les figures les plus placides et les plus
naïves, s'en allèrent rôder près de la boutique

16.

en question. Ils y remarquèrent beaucoup d'al-
lées et venues, des gens affairés venant parler
bas au marchand, qui se tenait à sa porte et
regardait dans la rue de l'air inquiet d'un homme
attendant quelqu'un. Comme ils passaient près
de lui, ils entendirent qu'il disait à demi-voix,
à l'un de ces effarouchés de tout à l'heure.

— Elle nous aura encore joués cette fois,
l'heure est passée, tout est manqué sans doute.

Poulailler devint pâle, il voulait douter encore
cependant. Landry, pour lui ôter tout prétexte,
entra résolûment dans la boutique. Le fameux
perroquet était dans sa cage, posé sur le comp-
toir, il s'en approcha tout innocemment et en
demanda le prix.

— Il n'est pas à vendre, répondit brusquement le marchand.

— Il est donc vendu?

— Oui, on devait venir le chercher, il y a une heure; on ne vient pas, vous m'en voyez bien inquiet.

Tout en parlant, ses yeux ne quittaient pas la rue; il aperçut de loin un page de madame de Bonisson, la livrée ressemblait à celle qu'avait choisie Zora; il se précipita sur sa porte et revint avec une figure longue d'une aune, en reconnaissant son erreur.

— Allons! c'était vrai! se dit Poulailler; c'est dommage! Elle était bien belle!

Cette volonté de fer domina son amour, si l'on peut appeler ainsi un appétit sensuel, dans lequel le cœur n'entrait pour rien. Il fit signe à Landry, tous les deux s'éloignèrent, et depuis ce jour, il ne prononça plus le nom de l'Anglaise.

Lestement il se choisit un autre asile et ne retourna jamais dans la maison qu'elle avait habitée.

L'Égyptienne, par l'affection d'Esculape, fut rappelée à elle-même et entourée de tous les soins possibles. Elle était dans un état digne de pitié, et ne se plaignait point. Elle s'informa seulement de Poulailler, et apprit avec bonheur le changement survenu en lui. Il semblait cependant l'avoir oubliée et ne s'informa même pas de ce qu'elle était devenue; il ne demanda pas si elle était morte. Esculape ne put s'empêcher de le lui dire, il ne répondit pas un mot.

Pendant que ces événements se passaient, mademoiselle de Kirbergen se rétablissait et revenait à la santé, à la vie; sa beauté sortit de cette épreuve avec un triomphant éclat. Seule-

ment elle puisa dans ses longues heures de
solitude, dans l'abandon cruel de celui qu'elle
avait tant aimé, des besoins de vengeance et
des projets qu'elle aurait repoussés bien loin
autrefois. Aussitôt qu'elle put sortir de sa
chambre, elle s'occupa de sa toilette, soigna ses
cheveux et son visage, et chercha autour d'elle
le galant le moins indigne de son attention.

Landry la frappa sur-le-champ. Elle ne le connaissait point; il s'était engagé depuis sa maladie. Il la remarqua aussi; ils se rapprochèrent,
ils se convinrent et la liaison fut bientôt formée; on n'y faisait guère de façons en ce pays-là.
Poulailler lui avait répété, lorsqu'elle se plaignait de son inconstance, qu'il la laissait libre
d'en faire autant; elle usa de cette permission
et afficha sa nouvelle conquête, de façon à ce

que le chef ne pût manquer d'en être instruit.
Il l'apprit en effet et en plaisanta avec ses in-
times, néanmoins il en ressentit une impression
désagréable, qu'il se garda bien de laisser voir à
personne. Pourtant il chercha à revoir Wilhelmine, lui fit un compliment ironique et l'assura
de son amitié. A quoi elle lui répondit qu'elle
l'acceptait volontiers, qu'elle était disposée à lui
rendre le même sentiment, qu'elle aimait le
jeune voleur d'un amour plus grand encore que
celui qu'elle lui avait porté et qu'elle se trouvait
fort heureuse ainsi.

Poulailler lui proposa de célébrer ce bonheur
par un repas, où ils boiraient ensemble à leur
nouveau sentiment. Mademoiselle de Kirbergen
accepta, à une condition.

— Tu viendras chez moi, lui dit-elle; tu me

verras dans mon *ménage*, tu m'as traitée assez souvent pour que je te le rende. Landry m'a fait un palais de reine, aussi beau que celui de ton Anglaise ; à propos tu l'aimais donc bien, ton Anglaise?

— Assez pour ne pas vouloir en entendre parler par personne, et par toi moins que par les autres, tais-toi.

La baronne ne put retenir une question, malgré cet ordre.

— Tu ne m'as jamais aimée ainsi, n'est-ce pas?

— Tais-toi, te dis-je, et ne me rappelle pas un passé odieux. Ce soir donc, je souperai chez toi.

— Non, pas ce soir, demain. Il me faut le temps de faire des préparatifs. Je veux que la fête soit digne de toi.

Poulailler la quitta, et devant elle lutina une jeune fille de la troupe, qu'il honorait de son attention. Wilhelmine ne bougea pas.et se mit à fredonner un pont-neuf.

La demeure qu'elle habitait avec Landry était située très-près du château de Vauvert, alors détruit, mais dont les souterrains servaient de temps immémorial de retraite aux brigands. La police avait beau les explorer, elle n'en connaissait pas tous les détours, il s'y trouvait des retraites inaccessibles à ses limiers, et dont la révélation était comme la franc-maçonnerie du brigandage. Cette masure, d'un misérable aspect, n'attirait l'attention de personne, elle était habitée en apparence par une pauvre vieille, vivant d'aumônes et du produit de quelques animaux qui végétaient sur son fumier. Cependant cette cabane ruinée renfermait une chambre décorée merveilleusement, un vrai nid d'amour, où Wilhelmine et Landry cachaient leur bonheur.

La mode était beaucoup à ces contrastes, en ce bon xviiiᵉ siècle, raffiné dans ses voluptés; même lorsque le soin de leur sûreté ne leur imposait pas cette opposition, beaucoup d'amoureux l'adoptaient par caprice. Parmi les petites maisons citées, les plus élégantes se dissimulaient ainsi. Bien plus : on avait des carrosses doublés de satin brodé de perles et ressemblant pour l'extérieur aux fiacres les plus décrépits. Celui dont se servaient M. le duc et madame de Prie, dans leurs bonnes fortunes secrètes était ainsi accommodé.

Jacques passa cette journée, qui devait amener de si grands événements, à méditer de nouveaux plans et une gigantesque expédition, pour laquelle il donna ses ordres. Il s'agissait de voler la caisse du receveur des tailles du quartier Saint-Honoré, où devait se verser le lendemain une somme considérable; il en avait été prévenu, et ne voulait pas laisser échapper cette bonne aubaine.

Le soir venu, Jacques se rendit chez son ancienne maîtresse. Il la trouva extrêmement parée, brillante, radieuse. Landry, aussi beau et aussi paré qu'elle, le reçut en maître de maison, faisant les honneurs de son logis et de sa table. Jacques était habile, il accepta franchement la position, tout en se promettant d'en tirer le meilleur parti possible. La beauté de Wilhelmine, assaisonnée d'indifférence, et surtout d'amour pour un autre, était un ragout nouveau, qui réveillait son appétit et dont il jura d'avoir sa part.

Entre ces trois personnes la conversation ne languit pas ; ils avaient de l'esprit, Landry et Wilhelmine avaient du monde ; le premier avait même fait de bonnes études. Poulailler, à force de rouler dans tous pays, d'essayer de toutes les professions, de prendre tous les déguisements, avait pris une certaine teinture de beaucoup de choses et s'était donné un vernis d'instruction assez spécieux.

Ils causaient donc de mille sujets, avec une légèreté et une façon cavalière que des courtisans n'eussent pas désavouées. Une anecdote à la mode les conduisit sur un terrain où leurs pensées se portaient souvent, celui de la mort et de leur fin probable en plein air, devant la populace. Poulailler en plaisanta à l'ordinaire et assura qu'il y était préparé.

— Et après la mort, qu'arrive-t-il? que crois-tu?

— Ah! pour cela, je ne suis pas inquiet. En ma qualité de fils du diable, ma réception sera magnifique. Un gentilhomme tel que moi ne se trouve pas tous les jours. En me voyant, Cerbère remuera la queue et Caron m'ôtera son chapeau.

— Et quel passe-temps te destine là-bas, monsieur ton père?

— Ma foi! s'il me donne une position selon mes fautes, il pourra bien m'envoyer garçon chez Sisyphe, pour lui aider à rouler son rocher: c'est, selon moi, le plus vilain commerce du monde. Pousser incessamment cette boule, qui retombe en ricochant, il y a de quoi abrutir M. de Voltaire lui-même.

— Un père aussi tendre ne te condamnera pas à un pareil métier, j'en réponds.

— Il reste les Champs-Élysées. J'espérais t'y voir errer, avec Didon, Phèdre, parmi les amantes malheureuses; mais tu ne me parais plus d'humeur à cela, et je t'en félicite. Ces pleureuses font sauver les gens jusque dans le Tartare. Peut-être aurais-je du succès en ce pays-là. Beaucoup de belles dames ont peu de penchants pour les réalités. Je leur conseille cependant de ne pas s'y fier, les ombres sont souvent capables de plus de choses qu'on ne croit, demande plutôt à Junon ce qu'elle pense des nuages.

Ces propos égayèrent le repas, qui fut digne

de ces éminents personnages. A la fin Poulailler,
un peu ivre, s'attendrit et se permit des libertés
avec son ancienne maîtresse. Celle-ci lui rappela,
en se défendant, leur nouvelle amitié jurée et
leur amour tout à fait éteint.

— Bah ! enterrons-le cette nuit et il n'en sera
plus question jamais.

Landry, sur un signe de Wilhelmine, s'était
retiré à temps. La baronne minauda, ne refusa
pas, ne promit rien, et répondit simplement :

— Continuons à boire, nous avons le temps.

Poulailler prit cette invitation pour un consen-
tement et en usa suivant sa fantaisie. Wilhelmine le quitta quelques instants, comme pour
donner un ordre, et revint, si pâle et si défaite
qu'il ne put manquer de s'en apercevoir.

— Qu'as-tu ? lui demanda-t-il.

— Rien. Buvons.

Il n'y songea plus. Un peu après, il la vit pâlir plus encore et s'agiter comme une personne qui souffre beaucoup.

— Enfin, qu'y a-t-il?

— Peu de chose, très-peu de chose; je viens de m'empoisonner pour ne pas te survivre.

— Quoi! misérable! tu aurais osé m'empoisonner avec toi?

— Non, cela ne m'aurait pas assez vengée; ta mort prompte eût été trop douce. Tu finiras ta nuit à la Conciergerie; mais, je meurs, et après moi tu n'appartiendras plus à personne.

— Tu n'as pas fait cela! s'écria Jacques, qui crut à une comédie, pour le ramener.

Pour toute réponse, mademoiselle de Kirbergen frappa des mains, et une nuée d'archers se précipita dans la chambre, par toutes les portes et par toutes les fenêtres. Le brigand fut terrassé sur-le-champ ; il opposa pourtant une résistance formidable ; il fallut le lier avec des cordes énormes, encore remuait-il en blasphémant, sous ces liens. Un dernier regard de Wilhelmine le vit emporter. Quant à Landry, auquel on avait promis la vie sauve, en récompense de la trahison, il ne s'amusa pas à la pleurer et détala. Le bruit de l'arrestation de Poulailler se répandit sur-le-champ, et les espions de la bande en furent bientôt instruits, aussi la terreur fut grande parmi eux ; ils se dispersèrent en prenant toutes les directions, afin de se sauver, s'il en était temps encore.

Zora, encore bien malade, apprit cette nouvelle par Esculape, qui ne pouvait se résoudre à l'abandonner. Il lui proposa de la faire emporter par deux amis dévoués jusqu'à un asile impénétrable, où ils braveraient toutes les recherches et qu'il s'était ménagé depuis longtemps.

— Tu ne me connais guère, lui répondit-elle, aide-moi à m'habiller, et fais-moi chercher un fiacre incontinent.

— Où prétends-tu aller ?

— Où je vais? Belle question ! Où est Abenhama apparemment. Mon heure est venue et l'on ne me le disputera plus. Dépêche-toi, il y a bien du temps de perdu.

Esculape la pria, la supplia, voulut même user de violence pour la retenir. Elle lui jura qu'elle se briserait la tête, s'il ne lui rendait sa liberté. Enfin il eut peur pour lui-même et la quitta. La pauvre fille se traîna jusqu'à une voiture, se

17.

fit conduire au Châtelet, et descendit se soutenant à peine. Elle demanda un des greffiers de
la cour et lui déclara son nom, sa profession,
ses liaisons avec Poulailler ; elle se constitua
prisonnière, implorant pour toute faveur d'être
enfermée avec lui, de mourir avec lui, de ne le
quitter qu'au dernier moment.

— J'ai quitté le lit où je souffrais depuis tant
de mois pour le suivre, je viens me dénoncer
moi-même, je suis plus coupable que lui ; c'est
moi qui lui ai ouvert la voie. J'ai été sa première
maîtresse, son guide, son serpent tentateur, je
l'ai entraîné, perdu, punissez-moi comme lui,
plus que lui. Sa vie ne m'appartenait pas, sa
mort m'appartient. Je l'ai achetée par bien des
douleurs, par des crimes ; puisque j'ai partagé
les siens, ne m'épargnez donc pas, monsieur.

La beauté étrange de Zora resplendissait en ce moment d'un éclat suprême; toute son âme était dans son regard. Le greffier en eut pitié et chercha à la sauver en dépit d'elle-même.

— La fièvre vous donne le délire, ma pauvre fille; allez vous recoucher et laissez ce misérable subir la peine qu'il a bien méritée. Vous ne pouvez vous accuser vous-même; sans autre témoignage, on ne vous écoutera pas. Il subit probablement à cette heure la torture, et...

— La torture! s'écria-t-elle, et je ne suis pas près de lui! Oh! conduisez-moi, je veux ma part de son supplice, je vous dirai tout, moi, vous n'aurez pas besoin de le faire souffrir. Est-il possible, la torture !

Le greffier touché de plus en plus de ce dévouement et voulant la soustraire au sort ter-

fible qui l'attendait, lui promit de la conduire
à la Conciergerie, et la fit entrer dans une salle,
où il envoya une sœur hospitalière, car la pauvre
Zora avait plus consulté son cœur que ses
forces, elle venait de s'évanouir en croyant marcher vers la prison. On lui prodigua les soins
auxquels elle avait droit, la faible créature,
obéissant à l'instinct de ses passions, auxquelles
personne n'avait opposé ni frein, ni bornes.
Ignorante de tout, même de Dieu, n'y croyant
pas, n'ayant jamais su s'il existait, n'ayant jamais prié! où pouvait-elle trouver secours et
consolations, elle que tout abandonnait sur la
terre?

Cependant Poulailler avait subi un premier
interrogatoire de plus de six heures. D'abord il
nia tout ensuite il en comprit l'inutilité et chan-

gea de système. Dans l'espoir d'obtenir un sursis
et de pouvoir s'échapper pendant ce temps, il
promit des révélations et s'en laissa arracher
quelques-unes. Le soir, on l'interrogea encore, il
suivit la même marche. Le procureur général
s'en lassa et le menaça de la torture, qu'il
accepta gaillardement, en assurant qu'il n'en
parlerait ni plus ni moins.

Cette torture fut épouvantable et inusitée ; on
lui brisa les membres, on lui jeta de l'huile
bouillante, on le tenailla, il avoua tout : c'est-à-
dire, en outre de vols innombrables, plus de
cinquante meurtres, commis par lui ou par les
siens, à Paris seulement. Cela fait frémir.

On le retira vivant de la torture, mais brisé.
Il avait cependant conservé toute sa présence
d'esprit, je dirai plus, toute sa gaieté ; il plai-

santa avec ses bourreaux, avec ses geôliers, et
dit incessamment que ses juges seraient bien
attrapés, qu'il était au bout de ses forces, qu'il
n'avait pas tout dit et qu'il n'en dirait pas plus,
ajoutant qu'on ignorait les repaires de la troupe,
qu'après la première épouvante elle se reforme-
rait et qu'il serait vengé d'une cruelle façon.

— On me mène demain en Grève, c'est une
affaire finie pour moi; M. Hérault et M. le procureur général n'en pouvant pas dire autant, ils
n'auront pas sujet de se reposer.

Toute la nuit il fit la débauche avec ses
gardes, disant qu'il n'avait point de regrets,
qu'il avait bien employé sa vie, et que le diable,
son père, devait être content de lui. Il ne pouvait
remuer ni bras, ni jambes, il se faisait entonner
du vin et de l'eau-de-vie, malgré la fièvre ter-

rible qui le tourmentait. Il ne voulut point de prêtre; le pieux aumônier essaya de rester néanmoins, mais ses blasphèmes épouvantables et les infamies qu'il proférait le chassèrent. Il revint le matin et l'accompagna au supplice.

Poulailler fut mis sur la roue le 24 mai 1735. Il avait trente-trois ans à peine. Il resta plus d'une heure sur la roue, vivant toujours, bien qu'il ne fût plus, pour ainsi dire, qu'une plaie. L'ecclésiastique priait auprès de lui et une multitude énorme remplissait la place. Tout à coup un cri épouvantable se fit entendre : une femme, l'œil hagard, les cheveux épars sur ses épaules, les bras élevés, brisa tous les obstacles et se précipita sur l'échafaud, avant qu'on eût songé à la retenir. C'était Zora, échappée aux soins de ceux qui la gardaient, et que l'on conduisait dans la maison du Refuge, les médecins l'ayant jugée hors d'état d'être interrogée, ni de donner aucun renseignement. En passant près de la Grève elle s'échappa, se jeta dans la foule, et parvint jusqu'à lui. Elle le vit sans le reconnaître, ou plutôt son cœur seul le reconnut ; il n'avait plus figure humaine ; elle voulut se jeter sur lui ; les bourreaux, revenus de leur étonnement, l'écartèrent, elle n'était pas assez forte pour lutter, elle tomba inanimée, en prononçant le nom d'Abenhama. Il tourna vers elle son œil éteint, la reconnut et murmura :

— Pauvre Zora ! C'est toujours elle ! mais son dernier vœu ne sera pas exaucé, nous ne mourrons pas ensemble.

Comme on vit qu'il vivait encore, on le jeta, suivant l'usage, dans un brasier allumé, afin que ses cendres fussent jetées au vent suivant l'arrêt rendu par le parlement de Paris. Il poussa un cri terrible, ce fut le dernier, on n'entendit plus rien.

Cette même nuit, dans le petit village de Bretagne, la Tour du Diable parut en feu à diverses reprises, et les fenêtres restèrent illuminées jusqu'au matin. Il s'éleva de ces ruines des hurlements épouvantables, au milieu desquels on distinguait, au dire des paysans épouvantés, le nom de Jacques.

Son père et sa mère assurèrent avoir rêvé tous les deux à Roussart et à leur fils. Ils les voyaient ensemble, avec des figures horribles, et Roussart répétait les prédictions qu'il avait faites. Ils souffrirent comme des crucifiés, et ne se délivrèrent que par les prières et les macérations.

Une tempête effroyable régna sur cette côte
pendant trois fois vingt-quatre heures; la violence de l'ouragan fut telle que pas une barque
ne put tenir la mer.

Aujourd'hui, il n'y a plus de ces voleurs célèbres que l'on rouait en Grève, la mode a changé,
et ce que l'on appelle le positif se fourre partout. La poésie et le romanesque se sont retirés
même du crime. Ceci rappelle Voltaire auquel
on demandait un jour une histoire de brigand,
et qui la commença ainsi :

— Il y avait une fois un fermier général..
ma foi! j'ai oublié le reste.

Or, les fermiers généraux, vous le savez,
étaient les agioteurs de ce temps-là.

F. Aureau. — Imprimerie de Lagny

CATALOGUE

DE

CALMANN LÉVY, ÉDITEUR

ANCIENNE MAISON

MICHEL LÉVY

FRÈRES

PREMIÈRE PARTIE[1]

Nouveaux ouvrages en vente Ouvrages divers, format in-8°
Bibliothèque contemporaine, format gr. in-18 — Bibliothèque nouvelle
OEuvres complètes de Balzac — Collection Michel Lévy, format gr. in-18
Collection format in-32 — Collection à 50 centimes
Brochures diverses — Publications périodiques illustrées

Tous les ouvrages portés sur ce Catalogue sont expédiés *franco* (contre mandats ou timbres-poste), sans augmentation de prix, excepté les volumes à 1 fr. 25 c. de la Collection Michel Lévy, auxquels il faut ajouter 25 cent. par volume.

RUE AUBER, 3

ET

A LA LIBRAIRIE NOUVELLE

BOULEVARD DES ITALIENS, 15

PARIS

—

Avril 1876

---

1. Les 2e et 3e parties de ce Catalogue seront envoyées *franco* à toute personne qui en fera la demande par lettre affranchie.

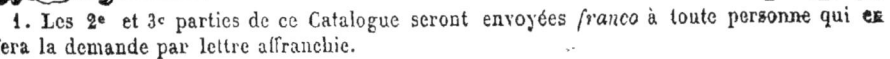

NOUVEAUX OUVRAGES EN VENTE

Format in-8°.

	f. c.
J. AUTRAN de l'Acad. franç.	
ŒUVRES COMPLÈTES, t. III. — La Flûte et le Tambour..............	6 »
BEAURE	
LA DÉMOCRATIE CONTEMPORAINE, 1 v.	6 »
COMTE DE PARIS	
HISTOIRE DE LA GUERRE CIVILE EN AMÉRIQUE, t. I à IV............	30 »
ATLAS POUR SERVIR A L'HISTOIRE DE LA GUERRE CIVILE EN AMÉRIQUE. Livraisons I à IV..............	30 »
VICTOR HUGO	
LES CHATIMENTS. 1 volume.........	6 »
PAULINE L.	
LE LIVRE D'UNE MÈRE, 1 volume....	6 »
J. H. MERLE D'AUBIGNÉ	
HISTOIRE DE LA RÉFORME EN EUROPE AU TEMPS DE CALVIN, t. VI.......	7 50

	f. c.
ERNEST RENAN	
L'ANTECHRIST, 1 volume............	7 50
J. MICHELET	
ORIGINE DES BONAPARTE, 1 volume..	6 »
JUSQU'AU 18 BRUMAIRE, 1 volume...	6 »
JUSQU'A WATERLOO, 1 volume.......	6 »
H. RODRIGUES	
SAINT PAUL, 1 volume.............	6 »
JULES SIMON	
SOUVENIRS DU QUATRE SEPTEMBRE. — Le gouvernement de la Défense nationale. 1 volume..............	6 »
L. DE VIEL-CASTEL de l'Acad. franç.	
HISTOIRE DE LA RESTAURATION, t. XVII	6 »

Format gr. in-18 à 3 fr. 50 c. le volume.

	vol.
A. ACHARD	
LA TRÉSORIÈRE.................	1
A. DE BRÉHAT	
L'HOTEL DU DRAGON.............	1
LE MARI DE MADAME CAZOT...........	1
SOUVENIRS DE L'INDE ANGLAISE........	1
VACANCES D'UN PROFESSEUR...........	1
E. CADOL	
LA BÊTE NOIRE.................	1
JULES DE CARNÉ	
MARGUERITE DE KERADEC...........	1
AL. DUMAS FILS de l'Acad. franç.	
THÉRÈSE.................	1
O. FEUILLET de l'Acad. franç.	
UN MARIAGE DANS LE MONDE..........	1
D. FILEX	
UN ROMAN VRAI.................	1
DE GASPARIN	
PENSÉES DE LIBERTÉ...........	1
TH. GAUTIER	
PORTRAITS ET SOUVENIRS LITTÉRAIRES.	1
GUSTAVE HALLER	
LE BLEUET.................	1
N. HAWTHORNE Traduction A. Spoll.	
CONTES ÉTRANGES...............	1
ARSÈNE HOUSSAYE	
LES DIANES ET LES VÉNUS.........	1
VICTOR HUGO	
QUATREVINGT-TREIZE...........	2
ALPHONSE KARR	
PLUS ÇA CHANGE..............	1
KEL-KUN	
PORTRAITS.................	1
NOUVEAUX PORTRAITS.............	1
PROSPER MÉRIMÉE	
LETTRES A UNE AUTRE INCONNUE......	1

	vol.
MÉRY	
LA FLORIDE..................	1
MICHELET	
LE PRÊTRE..................	1
CH. MONSELET	
LES ANNÉES DE GAIETÉ............	1
D. NISARD de l'Acad. française	
RENAISSANCE ET RÉFORME............	2
JULES NORIAC	
LA MAISON VERTE.................	1
PAUL PARFAIT	
LA SECONDE VIE DE MARIUS ROBERT....	1
A. DE PONTMARTIN	
NOUVEAUX SAMEDIS. Tome XIII........	1
C.-A. SAINTE-BEUVE	
CHRONIQUES PARISIENNES............	1
GEORGE SAND	
LA COUPE..................	1
LA TOUR DE PERCEMONT.............	1
J. SANDEAU de l'Acad. franç.	
JEAN DE THOMMERAY. — LE COLONEL ÉVRARD	1
E. SCHERER	
ÉTUDES CRITIQUES DE LITTÉRATURE.....	1
FRANCISQUE SARCEY	
ÉTIENNE MORET.................	1
LOUIS ULBACH	
MAGDA.................	1
A. VACQUERIE	
AUJOURD'HUI ET DEMAIN.............	1
PIERRE VÉRON	
LA VIE FANTASQUE..............	1
CES MONSTRES DE FEMMES............	1
L. VITET de l'Acad. française	
LE COMTE DUCHATEL, avec un portrait.	1

OUVRAGES DIVERS

Format in-8°

J.-J. AMPÈRE   f. c.

CÉSAR. Scènes historiques. 1 vol.... 7 50
L'EMPIRE ROMAIN A ROME. 2 vol... 15 »
L'HISTOIRE ROMAINE A ROME, avec
   des plans topographiques. 4 vol.. 30 »
MÉLANGES D'HISTOIRE LITTÉRAIRE.
   2 volumes..................... 12 »
PROMENADE EN AMÉRIQUE. — Etats-
   Unis, Cuba, Mexique. 2 volumes... 12 »
VOYAGE EN ÉGYPTE ET EN NUBIE. 1 vol. 7 50

***

MAD. LA DUCH. D'ORLÉANS. 1 vol... 6 »

DUC D'AUMALE *de l'Acad. franç.*

ALESIA. Étude sur la septième campagne de César en Gaule. Avec
   2 cartes (Alise et Alaise). 1 vol... 6 »
HISTOIRE DES PRINCES DE CONDÉ PEN-
   DANT LES XVIe ET XVIIe SIÈCLES,
   avec cartes et portraits gravés
   par M. Henriquel-Dupont. 2 vol... 15 »
LES INSTITUTIONS MILITAIRES DE LA
   FRANCE. 1 volume............... 6 »

J. AUTRAN *de l'Acad. française.*

LE CYCLOPE, d'après Euripide. 1 vol. 3 »
PAROLES DE SALOMON. 1 volume.... 6 »
LE POÈME DES BEAUX JOURS. 1 vol.. 5 »
   Œuvres complètes :
— T. I. LES POÈMES DE LA MER..... 6 »
— T. II. LA VIE RURALE............ 6 »
— T. III. LA FLUTE ET LE TAMBOUR... 6 »
— T. IV. SONNETS CAPRICIEUX...... 6 »

L. BABAUD-LARIBIÈRE

ÉTUDES HIST. ET ADMINISTR. 2 vol... 12 »

H. DE BALZAC

   Œuvres complètes :
SCÈNES DE LA VIE PRIVÉE. 4 volumes. 30 »
SCÈNES DE LA VIE DE PROVINCE. 3 vol. 22 50
SCÈNES DE LA VIE PARISIENNE. 4 vol. 30 »
SCÈNES DE LA VIE MILITAIRE. 1 vol.. 7 50
SCÈNES DE LA VIE POLITIQUE. 1 vol.. 7 50
SCÈNES DE LA VIE DE CAMPAGNE. 1 vol. 7 50
ÉTUDES PHILOSOPHIQUES. 3 volumes. 22 50
THÉATRE COMPLET. 1 volume........ 7 50
CONTES DROLATIQUES. 1 volume..... 7 50
CONTES ET NOUVELLES. — ESSAIS ANA-
   LYTIQUES. 1 volume............. 7 50
PHYS. ET ESQUISSES PARISIENNES. 1 v. 7 50
PORTRAITS ET CRITIQUE LITTÉRAIRE. —
   POLÉMIQUE JUDICIAIRE. 1 volume... 7 50
ÉTUDES HIST. ET POLITIQUES. 1 vol.. 7 50

L. BAUDENS

Membre du conseil de santé des armées
LA GUERRE DE CRIMÉE.—Campements,
   abris, ambulances, etc. 1 vol.... 6 »

BEAURE

DÉMOCRATIE CONTEMPORAINE. 1 vol.. 6 »

IS. BÉDARRIDE

LES JUIFS EN FRANCE, EN ITALIE ET
   EN ESPAGNE. 1 volume. 7 50
DU PROSÉLYTISME ET DE LA LIBERTÉ
   RELIGIEUSE. 1 volume........... 4 »

PRINCESSE DE BELGIOJOSO f. c.

ASIE MINEURE ET SYRIE. 1 volume... 7 50
HIST. DE LA MAISON DE SAVOIE. 1 vol. 7 50

E. BÉNAMOZEGH

MORALE JUIVE ET MOR. CHRÉTIENNE. 1 v. 7 50

HECTOR BERLIOZ

MÉMOIRES, comprenant ses voyages
   1803-1865, avec portrait de l'auteur. 1 fort volume............. 12 »

BERRIAT SAINT-PRIX

LA JUSTICE RÉVOLUTIONNAIRE. — Août
   1792. Prairial an III. D'après des
   documents originaux. T. I........ 7 50

E. BEULÉ

AUGUSTE, SA FAMILLE ET SES AMIS.
   1 volume.................... 6 »
LE SANG DE GERMANICUS. 1 volume.. 6 »
TIBÈRE ET L'HÉRITAGE D'AUGUSTE.
   1 volume.................... 6 »
TITUS ET SA DYNASTIE. 1 vol........ 6 »

J.-B. BIOT

ÉTUDES SUR L'ASTRONOMIE INDIENNE ET
   SUR L'ASTRONOMIE CHINOISE. 1 vol. 7 50
MÉLANGES SCIENTIFIQUES ET LITTÉ-
   RAIRES. 3 volumes............. 22 50

CORNELIUS DE BOOM

SOLUTION POLIT. ET SOCIALE. 1 vol.. 6 »

FRANÇOIS DE BOURGOING

HISTOIRE DIPLOMATIQUE DE L'EUROPE
   PENDANT LA RÉVOL. FRANÇAISE. 3 v. 22 50

M.-L. BOUTTEVILLE

LA MORALE DE L'ÉGLISE ET LA MO-
   RALE NATURELLE. 1 volume....... 7 50

DUC DE BROGLIE

VUES SUR LE GOUVERNEMENT DE LA
   FRANCE. 1 volume.............. 7 50

DUC DE BROGLIE *de l'Ac. fr.*

QUESTIONS DE RELIGION ET D'HIS-
   TOIRE. 2 volumes.............. 15 »

A. CALMON

HISTOIRE PARLEMENTAIRE DES FINAN-
   CES DE LA RESTAURATION. 2 vol... 15 »

LÉON CARRÉ

L'ANCIEN ORIENT. 4 volumes........ 24 »

H. GRAETZ

	f. c.
LES JUIFS D'ESPAGNE. 945-1205. 1 vol.	7 50
SINAÏ ET GOLGOTHA, ou les Origines du judaïsme et du christianisme. 1 vol.	7 50

EDMOND DE GUERLE

MILTON, sa vie et ses mœurs. 1 vol..	7 50

F. GUIZOT

LA CHINE ET LE JAPON, par *Laurence Oliphant* (Traduction). 2 volumes.	12 »
L'ÉGLISE ET LA SOCIÉTÉ CHRÉTIENNES. 1 volume	5 »
HISTOIRE DE LA FONDATION DE LA RÉPUBLIQUE DES PROVINCES - UNIES, par *J. Lothrop Motley* (Trad. nouvelle avec introduction). 4 volumes.	24 »
HISTOIRE PARLEMENTAIRE DE FRANCE, formant le complément des *Mémoires pour servir à l'histoire de mon temps.* 5 volumes	37 50
LA JEUNESSE DU PRINCE ALBERT (traduction). 1 volume	6 »
MÉDITATIONS SUR L'ESSENCE DE LA RELIGION CHRÉTIENNE. 1 volume...	6 »
MÉDITATIONS SUR L'ÉTAT ACTUEL DE LA RELIGION CHRÉTIENNE. 1 vol...	6 »
MÉDITATIONS SUR LA RELIGION CHRÉTIENNE dans ses rapports avec l'état actuel des sociétés et des esprits.1 v.	6 »
MÉLANGES BIOGRAPHIQUES ET LITTÉRAIRES. 1 volume	7 50
MÉLANGES POLITIQUES ET HISTORIQUES. 1 volume	7 50
MÉMOIRES pour servir à l'histoire de mon temps (ouvrage auquel a été décerné par l'Institut le grand prix biennal de 1871). 8 volumes.	60 »
LE PRINCE ALBERT, son caractère et ses discours (traduction et préface). 1 volume	6 »
WILLIAM PITT ET SON TEMPS, par *lord Stanhope* (trad. et introd.). 4 volumes.	24 »

COMTE D'HAUSSONVILLE *de l'Acad. fr.*

L'ÉGLISE ROMAINE ET LE PREMIER EMPIRE. 5 volumes	37 50

VICOMTE D'HAUSSONVILLE

LES ÉTABLISSEMENTS PÉNITENTIAIRES EN FRANCE ET AUX COLONIES. 1 vol.	7 50

ERNEST HAVET

LE CHRISTIANISME ET SES ORIGINES. 2 volumes	15 »

HERMINJARD

CORRESPONDANCE DES RÉFORMATEURS dans les pays de langue française. 4 volumes	40 »

ROBERT HOUDIN

TRICHERIES DES GRECS DÉVOILÉES. 1 v.	5 »

ARSÈNE HOUSSAYE

MADEMOISELLE CLÉOPATRE. 1 volume.	6 »
LES MAINS PLEINES DE ROSES, PLEINES D'OR ET PLEINES DE SANG. 1 vol...	6 »

VICTOR HUGO

	f. c.
L'ANNÉE TERRIBLE. 1 volume......	7 50
AVANT L'EXIL. 1 volume...........	6 »
LES CHATIMENTS. 1 volume.,......	6 »
NAPOLÉON LE PETIT. 1 volume......	6 »
PENDANT L'EXIL. 1 volume.........	6 »
QUATORZE DISCOURS. 1 volume......	3 »
QUATRE-VINGT-TREIZE. 3 volumes....	18 »

EDMOND HUGUES

HIST. DE LA RESTAURATION DU PROTESTANTISME EN FRANCE AU XVIIIe SIÈCLE, d'après des documents inédits. 2 volumes.	15 »

VICTOR JACQUEMONT

CORRESPONDANCE INÉDITE avec sa famille, ses amis, 1824-1832, notice par *V. Jacquemont neveu*, et introduction de *Pr. Mérimée.* 2 vol...	12 »

PAUL JANET *de l'Institut*

LES PROBLÈMES DU XIXe SIÈCLE. 1 v.	7 50

JULES JANIN

LES GAIETÉS CHAMPÊTRES. 2 volumes.	12 »

ALPHONSE JOBEZ

LA FEMME ET L'ENFANT. 1 volume...	5 »

PRINCE DE JOINVILLE

ÉTUDES SUR LA MARINE. 1 volume...	7 50

A. KUENEN — *Trad. A. Pierson*

HIST. CRIT. DES LIVRES DE L'ANCIEN TESTAMENT, préface *d'E.Renan.* 1 v.	7 50

LAMARTINE

ANTONIELLA. 1 volume............	6 »
GENEVIÈVE. Hist. d'une servante. 1 v.	5 »
NOUVELLES CONFIDENCES. 1 volume..	5 »
TOUSSAINT LOUVERTURE. 1 volume...	5 »
VIE DE CÉSAR. 1 volume...........	5 »

CHARLES LAMBERT

L'IMMORTALITÉ SELON LE CHRIST. 1 v.	7 50
LE SYSTÈME DU MONDE MORAL. 1 vol.	7 50

PATRICE LARROQUE

DE LA GUERRE ET DES ARMÉES, 1 vol.	6 »
DE L'ORGANISATION DU GOUVERNEMENT RÉPUBLICAIN. 1 volume.........	5 »
EXAMEN CRITIQUE DES DOCTRINES DE LA RELIGION CHRÉTIENNE. 2 vol..	15 »
RÉNOVATION RELIGIEUSE. 1 volume..	7 50

JULES DE LASTEYRIE

HISTOIRE DE LA LIBERTÉ POLITIQUE EN FRANCE. 1 volume...........	7 50

DE LATENA

ÉTUDE DE L'HOMME. 1 volume.......	7 50

LATOUR SAINT-YBARS

NÉRON, sa vie et son époque. 1 vol..	7 50

LÉONCE DE LAVERGNE

LES ASSEMBLÉES PROVINCIALES SOUS LOUIS XVI. 1 volume...........	50

COMTE DE PARIS

f. c.

DE LA SITUATION DES OUVRIERS EN ANGLETERRE. 1 volume......... 6 »
HISTOIRE DE LA GUERRE CIVILE EN AMÉRIQUE. Tom. I à IV. 4 volumes. 30 »
ATLAS POUR SERVIR A L'HIST. DE LA GUERRE CIVILE EN AMÉRIQUE, livraisons I à IV (contenant 19 planches) 30 »

Cte PELET DE LA LOZÈRE

PENSÉES MORALES ET POLITIQUES. 1 volume...................... 7 50

CASIMIR PERIER

LES FINANCES ET LA POLITIQUE. 1 vol. 5 »

GEORGES PERROT

SOUVENIRS D'UN VOYAGE EN ASIE MINEURE. 1 volume.......... 7 50

A. PEYRAT

HISTOIRE ÉLÉMENTAIRE ET CRITIQUE DE JÉSUS. 1 volume............ 7 50

L'ABBÉ PIERRE

CONSTANTINOPLE, JÉRUSALEM ET ROME, avec plan et carte. 2 vol......... 15 »

F. PONSARD

ŒUVRES COMPLÈTES. 2 volumes..... 15 »

COMTE DE PONTÉCOULANT

SOUVENIRS HISTORIQUES ET PARLEMENTAIRES (1764-1848). 4 volumes.... 24 »

PRÉVOST-PARADOL

ÉLISABETH ET HENRI IV (1595-1598). 1 volume..................... 6 »
ESSAIS DE POLITIQUE ET DE LITTÉRATURE. 3 volumes.............. 22 50
LA FRANCE NOUVELLE. 1 volume..... 7 50

EDGAR QUINET

HISTOIRE DE LA CAMPAGNE DE 1815. 1 volume avec carte........... 7 50
MERLIN L'ENCHANTEUR. 2 volumes... 15 »

J. DE RAINNEVILLE

LA FEMME DANS L'ANTIQUITÉ ET D'APRÈS LA MORALE NATURELLE. 1 vol. 7 50

Mme RÉCAMIER

COPPET ET WEIMAR — MADAME DE STAEL ET LA GRANDE - DUCHESSE LOUISE. Récits et Correspondances, par l'auteur des Souvenirs de Madame Récamier. 1 volume......... 7 50
MADAME RÉCAMIER, LES AMIS DE SA JEUNESSE ET SA CORRESPONDANCE INTIME. 1 volume.............. 7 50

CH. DE RÉMUSAT

POLITIQUE LIBÉRALE, ou Fragments pour servir à la défense de la révolution française. 1 volume..... 7 50

ERNEST RENAN de l'Institut

f. c.

L'ANTECHRIST. 1 volume............ 7 50
LES APOTRES. 1 volume............ 7 50
AVERROÈS ET L'AVERROÏSME, essai historique 1 volume............. 7 50
LE CANTIQUE DES CANTIQUES, traduit de l'hébreu, avec une étude sur le plan, l'âge et le caractère du poëme. 1 volume...................... 6 »
LA CHAIRE D'HÉBREU AU COLLÉGE DE FRANCE. Brochure............. 1 »
DE LA PART DES PEUPLES SÉMITIQUES DANS L'HISTOIRE DE LA CIVILISATION. Brochure................. 1 »
DE L'ORIGINE DU LANGAGE. 1 volume.. 6 »
DIALOGUES PHILOSOPHIQUES. 1 vol.. 7 50
ESSAIS DE MORALE ET DE CRITIQUE. 1 volume...................... 7 50
ÉTUDES D HISTOIRE RELIGIEUSE. 1 volume...................... 7 50
HISTOIRE GÉNÉRALE DES LANGUES SÉMITIQUES. 1 volume........... 12 »
HISTOIRE LITTÉRAIRE DE LA FRANCE AU XIVe SIÈCLE. 2 volumes....... 16 »
LE LIVRE DE JOB, traduit de l'hébreu, avec une étude sur l'âge et le caractère du poëme. 1 volume..... 7 50
QUESTIONS CONTEMPORAINES. 1 volume 7 50
LA RÉFORME INTELLECTUELLE ET MORALE. 1 volume............... 7 50
SAINT PAUL. 1 volume avec carte... 7 50
VIE DE JÉSUS. 1 volume........... 7 50

D. JOSÉ GUELL Y RENTÉ

CONSIDÉRATIONS POLIT. ET LIT. 1 vol. 5 »
PENSÉES CHRÉTIENNES, POLITIQUES ET PHILOSOPHIQUES. 1 volume... 5 »

LOUIS REYBAUD de l'Institut

ÉCONOMISTES MODERNES. 1 volume... 7 50
ÉTUDES SUR LE RÉGIME DES MANUFACTURES. — LA SOIE. 1 volume... 7 50
— LE COTON. Son régime, ses problèmes, son influence en Europe. 1 v. 7 50
— LA LAINE. 1 volume.......... 7 50
— LE FER ET LA HOUILLE. 1 volume. 7 50

PAUL RIBAUT

DU SUFFRAGE UNIVERSEL. 1 volume. 6 »

COMTE R. R.

LA JUSTICE ET LA MONARCHIE POPULAIRE. La Guerre d'Orient 1 vol. 3 »

H. RODRIGUES

LA JUSTICE DE DIEU. 1 volume...... 5 »
LES ORIGINES DU SERMON DE LA MONTAGNE. 1 volume.............. 3 »
HISTOIRE DES PREMIERS CHRÉTIENS. 1re partie. Le roi des Juifs. 1 volume. 5 »
2e — Saint Pierre. 1 volume.. 5 »
HISTOIRE DES DEUXIÈMES CHRÉTIENS. — Saint Paul. 1 volume....... 6 »

J.-J. ROUSSEAU

ŒUVRES ET CORRESPONDANCE INÉDITES, publiées par M. Streckeisen-Moultou. 1 volume..... 7 50
J. J. ROUSSEAU, SES AMIS ET SES ENNEMIS. Correspondance publ. par M. Streckeisen-Moultou, avec appréciat. crit. de Sainte-Beuve. 2 v. 15 »

BIBLIOTHÈQUE CONTEMPORAINE
Format grand in-18 à 3 fr. 50 c. le volume

BIBLIOTHÈQUE NOUVELLE

Format grand in-18 à 2 francs le volume

EDMOND ABOUT   vol.
LE CAS DE M. GUÉRIN.............. 1
LE NEZ D'UN NOTAIRE.............. 1

AMÉDÉE ACHARD
LA TRAITE DES BLONDES............. 1

PIOTRE ARTAMOV
HISTOIRE D'UN BOUTON............. 1
LES INSTRUMENTS DE MUSIQUE DU DIABLE. 1
LA MÉNAGERIE LITTÉRAIRE........... 1

BABAUD-LARIBIÈRE
HISTOIRE DE L'ASSEMBLÉE NATIONALE
CONSTITUANTE................... 2

H. DE BARTHÉLEMY
LA NOBLESSE EN FRANCE avant et depuis 1789..................... 1

Mme DE BAWR
ROBERTINE....................... 1
LES SOIRÉES DES JEUNES PERSONNES.... 1

ROGER DE BEAUVOIR
LES MYSTÈRES DE L'ILE SAINT-LOUIS..... 1
LES ŒUFS DE PAQUES............... 1

FRÉDÉRIC BÉCHARD
L'ÉCHAPPÉ DE PARIS................ 1
LES EXISTENCES DÉCLASSÉES........... 1

GEORGES BELL
LUCY LA BLONDE................... 1

ÉMILE BERGERAT
PEINTURES DÉCORATIVES DE PAUL BAUDRY
AU GRAND FOYER DE L'OPÉRA. Préface
de Th. Gautier................. 1

PIERRE BERNARD
L'A B C DE L'ESPRIT ET DU CŒUR....... 1

CHARLES BERTHOUD
FRANÇOIS D'ASSISE................. 1

ALBERT BLANQUET
LE ROI D'ITALIE. Roman historique...... 1

RAOUL BRAVARD
CES SAVOYARDS!................... 1

COMTE DE BRAYER
SOUVENIRS, poésies............... 1

E. BRISEBARRE ET E. NUS
LES DRAMES DE LA VIE.............. 2

CLÉMENT CARAGUEL
SOUVENIRS ET AVENTURES D'UN VOLON-
TAIRE GARIBALDIEN............. 1

COMTESSE DE CHABRILLAN
EST-IL FOU ?..................... 1

* * *
LA PONDÉRATION DES POUVOIRS........ 1

GLOGENSON
BEPPO, de Byron, trad. en vers....... 1

A. CONSTANT
LE SORCIER DE MEUDON............. 1

DÉCEMBRE-ALONNIER
LA BOHÈME LITTÉRAIRE............. 1

ÉDOUARD DELESSERT
LE CHEMIN DE ROME................ 1

CAMILLE DERAINS
LA FAMILLE D'ANTOINE MOREL......... 1

CH. DICKENS Trad. Amédée Pichot
LES CONTES D'UN INCONNU........... 1

MAXIME DU CAMP
LES CHANTS MODERNES.............. 1
LE CHEVALIER DU CŒUR-SAIGNANT...... 1
L'HOMME AU BRACELET D'OR.......... 1

MAXIME DU CAMP (Suite)   vol.
LE SALON DE 1859................. 1
LE SALON DE 1861................. 1

JOACHIM DUFLOT
SECRETS DES COULISSES DES THÉÂTRES
DE PARIS, préface de J. Noriac..... 1

ALEXANDRE DUMAS
L'ART ET LES ARTISTES CONTEMPORAINS.. 1
DE PARIS A ASTRAKAN.............. 3
LA SAN-FÉLICE................... 9
SOUVENIRS D'UNE FAVORITE.......... 4

ALEXANDRE DUMAS FILS
L'HOMME-FEMME.................. 1

ÉMILIE
CHANTS D'UNE ÉTRANGÈRE........... 1

XAVIER EYMA
LE ROMAN DE FLAVIO............... 1

ERNEST FEYDEAU
L'ART DE PLAIRE.................. 1

JULES GÉRARD le Tueur de lions
MES DERNIÈRES CHASSES............ 1

ÉMILE DE GIRARDIN
BON SENS, BONNE FOI.............. 1
L'ÉGALE DE SON FILS.............. 1
L'HOMME ET LA FEMME. — L'homme suze-
rain, la femme vassale.......... 1
LES LETTRES D'UN LOGICIEN......... 1
LE POUR ET LE CONTRE............. 1
QUESTIONS ADMINIST. ET FINANCIÈRES... 1

ÉDOUARD GOURDON
CHACUN LA SIENNE................ 1
LES FAUCHEURS DE NUIT............ 1
LOUISE......................... 1

LÉON GOZLAN
LES AVENTURES DU PRINCE DE GALLES... 1

Mme MANOEL DE GRANDFORT
MADAME N'EST PAS CHEZ ELLE........ 1
OCTAVE. — COMMENT ON S'AIME QUAND
ON NE S'AIME PLUS.............. 1

ED. GRIMARD
L'ÉTERNEL FÉMININ............... 1

JULES GUÉROULT
FABLES......................... 1

CHARLES D'HÉRICAULT
LA FILLE AUX BLUETS.............. 1
LES PATRICIENS DE PARIS........... 1

LÉON HOLLÆNDER
18 SIÈCLES DE PRÉJUGÉS CHRÉTIENS..... 1

VICTOR HUGO
ACTES ET PAROLES. 1870-1871-1872...... 1

A. JAIME FILS
L'HÉRITAGE DU MAL............... 1
LES TALONS NOIRS................ 1

LOUIS JOURDAN
LES PEINTRES FRANÇAIS............ 1

AURÈLE KERVIGAN
HISTOIRE DE RIRE................ 1

MARY LAFON
LA BANDE MYSTÉRIEUSE............. 1
LA PESTE DE MARSEILLE............ 1

BIBLIOTHÈQUE A 50 CENTIMES
Jolis volumes format grand in-32, sur beau papier

OUVRAGES DIVERS

ŒUVRES COMPLÈTES

DE

H. DE BALZAC

NOUVELLE ÉDITION — 55 VOLUMES

1 fr. 25 cent. le volume (*Chaque volume se vend séparément*)

La Comédie humaine, 40 vol. — **Les Contes drolatiques**, 3 vol. — **Le Théâtre**, édition complète, 2 vol. — **Œuvres de Jeunesse**, 10 vol.

COMÉDIE HUMAINE

SCÈNES DE LA VIE PRIVÉE

Tome 1. — LA MAISON DU CHAT-QUI-PELOTTE. Le Bal de Sceaux. La Bourse. La Vendetta. Mme Firmiani. Une Double Famille.

Tome 2. — LA PAIX DU MÉNAGE. La Fausse Maîtresse. Étude de femme. Autre étude de femme. La Grande Bretèche. Albert Savarus.

Tome 3. — MÉMOIRES DE DEUX JEUNES MARIÉES. Une Fille d'Ève.

Tome 4. — LA FEMME DE TRENTE ANS. La Femme abandonnée. La Grenadière. Le Message. Gobseck.

Tome 5. — LE CONTRAT DE MARIAGE. Un Début dans la vie.

Tome 6. — MODESTE MIGNON.

Tome 7. — BÉATRIX.

Tome 8. — HONORINE. Le Colonel Chabert. La Messe de l'Athée. L'Interdiction. Pierre Grassou.

SCÈNES DE LA VIE DE PROVINCE

Tome 9. — URSULE MIROUET.

Tome 10. — EUGÉNIE GRANDET.

Tome 11. — LES CÉLIBATAIRES — I. Pierrette. Le Curé de Tours.

Tome 12. — LES CÉLIBATAIRES — II. Un Ménage de garçon.

Tome 13. — LES PARISIENS EN PROVINCE. L'illustre Gaudissart. Muse du département.

Tome 14. — LES RIVALITÉS. La Vieille Fille. Le Cabinet des antiques.

Tome 15. — LE LYS DANS LA VALLÉE.

Tome 16. — ILLUSIONS PERDUES — I. Les Deux Poètes. Un grand Homme de province à Paris, 1re partie.

Tome 17. — ILLUSIONS PERDUES — II. Un grand Homme de province, 2e p. Eve et David.

SCÈNES DE LA VIE PARISIENNE

Tome 18. — SPLENDEURS ET MISÈRES DES COURTISANES. Esther heureuse. A combien l'amour revient aux vieillards. Où mènent les mauvais chemins.

Tome 19. — LA DERNIÈRE INCARNATION DE VAUTRIN. Un Prince de la Bohème. Un Homme d'affaires. Gaudissart II. Les Comédiens sans le savoir.

Tome 20. — HIST. DES TREIZE. Ferragus. Duchesse de Langeais. Fille aux yeux d'or.

Tome 21. — LE PÈRE GORIOT.

Tome 22. — CÉSAR BIROTTEAU.

Tome 23. — LA MAISON NUCINGEN. Les Secrets de la princesse de Cadignan. Les Employés. Sarrasine. Facino Cane.

Tome 24. — LES PARENTS PAUVRES — I. La Cousine Bette.

Tome 25. — LES PARENTS PAUVRES — II. Le Cousin Pons.

SCÈNES DE LA VIE POLITIQUE

Tome 26. — UNE TÉNÉBREUSE AFFAIRE. Un Episode sous la Terreur.

Tome 27. — L'ENVERS DE L'HISTOIRE CONTEMPORAINE. Madame de la Chanterie. L'Initié. Z. Marcas.

Tome 28. — LE DÉPUTÉ D'ARCIS.

SCÈNES DE LA VIE MILITAIRE

Tome 29. — LES CHOUANS. Une Passion dans le désert.

SCÈNES DE LA VIE DE CAMPAGNE

Tome 30. — LE MÉDECIN DE CAMPAGNE.

Tome 31. — LE CURÉ DE VILLAGE.

Tome 32. — LES PAYSANS.

ÉTUDES PHILOSOPHIQUES

Tome 33. — LA PEAU DE CHAGRIN

Tome 34. — LA RECHERCHE DE L'ABSOLU. Jésus-Christ en Flandre. Melmoth réconcilié. Le Chef-d'œuvre inconnu.

Tome 35. — L'ENFANT MAUDIT. Gambara, Massimilla Doni.

Tome 36. — LES MARANA. Adieu. Le Réquisitionnaire. El Verdugo. Un Drame au bord de la mer. L'Auberge rouge. L'Elixir de longue vie. Maître Cornélius.

Tome 37. — SUR CATHERINE DE MÉDICIS. Le Martyr calviniste. La Confidence des Ruggieri. Les deux Rêves.

Tome 38. — LOUIS LAMBERT. Les Proscrits. Seraphita.

ÉTUDES ANALYTIQUES

Tome 39. — PHYSIOLOGIE DU MARIAGE.

Tome 40. — PETITES MISÈRES DE LA VIE CONJUGALE.

CONTES DROLATIQUES

Tome 41. — Tome 42. — Tome 43.

THÉÂTRE

Tome 44. — VAUTRIN, drame. Les Ressources de Quinola, comédie.

Tome 45. — LA MARATRE, drame. Le Faiseur (Mercadet), comédie.

ŒUVRES DE JEUNESSE

Tome 46. — JEAN-LOUIS.

Tome 47. — L'ISRAÉLITE.

Tome 48. — L'HÉRITIÈRE DE BIRAGUE.

Tome 49. — LE CENTENAIRE.

Tome 50. — LA DERNIÈRE FÉE.

Tome 51. — LE VICAIRE DES ARDENNES.

Tome 52. — ARGOW LE PIRATE.

Tome 53. — JANE LA PALE.

Tome 54. — DOM GIGADAS.

Tome 55. — L'EXCOMMUNIÉ.

COLLECTION MICHEL LÉVY
ET BIBLIOTHÈQUE DE LA LIBRAIRIE NOUVELLE
1 fr. 25 c. le volume grand in-18 de 300 à 400 pages

COLLECTION FORMAT IN-32

1 FRANC LE VOLUME

Jolis volumes papier vélin

BROCHURES DIVERSES

L'UNIVERS ILLUSTRÉ
JOURNAL PARAISSANT LE SAMEDI

Chaque numéro contient 16 pages format in-folio (8 de texte et 8 de gravures)

PRIX : 40 CENTIMES LE NUMÉRO

ABONNEMENT : UN AN, 22 FR. — SIX MOIS, 11 FR. 50 — TROIS MOIS, 6 FR.

— Pour plus de détails, demander le prospectus —

LE JOURNAL DU DIMANCHE
LITTÉRATURE — HISTOIRE — VOYAGES — MUSIQUE

32 vol. sont en vente. Chaque vol. format in-4°, orné de 104 gravures. Prix : 3 fr.

LE JOURNAL DU JEUDI
LITTÉRATURE — HISTOIRE — VOYAGES

20 vol. sont en vente. Chaque vol. format in-4°, orné de 104 gravures. Prix : 3 fr.

LES BONS ROMANS
CHEFS-D'ŒUVRE DE LA LITTÉRATURE CONTEMPORAINE

Par VICTOR HUGO, ALEXANDRE DUMAS, GEORGE SAND, LAMARTINE, ALFRED DE MUSSET, EUGÈNE SUE, FRÉDÉRIC SOULIÉ, ALPHONSE KARR, CH. DE BERNARD, ALEX. DUMAS FILS, HENRY MURGER, HENRI CONSCIENCE, PAUL FÉVAL, ÉMILE SOUVESTRE, etc., etc.

24 vol. sont en vente. Chaque volume, format in-4°, orné de 104 gravures. Prix : 3 fr.

BIBLIOTHÈQUE DE TOUT LE MONDE
COLLECTION DES MEILLEURS ROMANS DES AUTEURS CONTEMPORAINS

20 vol. in-4°, avec 2000 gravures environ. Prix : 60 fr.

DICTIONNAIRE DES NOMS PROPRES
OU ENCYCLOPÉDIE ILLUSTRÉE
DE BIOGRAPHIE, DE GÉOGRAPHIE, D'HISTOIRE ET DE MYTHOLOGIE
Par M. Dupiney de Vorepierre

L'ouvrage, imprimé sur papier de luxe et avec des caractères neufs, formera deux volumes grand in-4° publié en 120 livraisons, et sera enrichi :

DE 400 CARTES OU PLANS, DE 2,000 PORTRAITS ET DE 2,000 GRAVURES

Représentant des vues de villes, monuments ou sites remarquables, des types de races, etc.

50 centimes la livraison. — Chaque livraison se compose de deux feuilles de texte et contient presque la matière d'un volume in-8°

DICTIONNAIRE FRANÇAIS ILLUSTRÉ
ET ENCYCLOPÉDIE UNIVERSELLE

Ouvrage qui peut tenir lieu de tous les vocabulaires et de toutes les encyclopédies

ENRICHI DE 20,000 FIG. GRAVÉES SUR CUIVRE PAR LES MEILLEURS ARTISTES

Dirigé par M. Dupiney de Vorepierre

ET RÉDIGÉ PAR UNE COMPAGNIE DE SAVANTS ET DE GENS DE LETTRES

9 livraisons à 50 centimes. Chaque livraison est composée de deux feuilles de texte et contient la matière d'un volume in-8° ordinaire. L'ouvrage, composé en caractères entièrement neufs et imprimé sur papier de luxe, forme deux magnifiques volumes grand in-4° .... Prix, broché : 85 fr.
Demi-reliure chagrin, plats toile...................... Prix.......... 100 fr.

SAINT-RAPHAËL

S'il fallait citer tous les éminents praticiens qui ont pré-
conisé l'usage du vin tannique de Saint-Raphaël, nous aurions
à nommer toutes les illustrations médicales de France. L'autorité naturelle en ces matières, c'est évidemment celle du
professeur d'hygiène à la Faculté de médecine de Paris.
oici en quels termes s'exprime ce savant académicien :

» Depuis plus de trente ans, le vin tannique de Bagnols-
» Saint-Raphaël est prescrit exclusivement comme tonique
» et reconstituant aux malades, aux convalescents admis
» dans les hospices de la ville de Paris.

» Il est employé dans les formes les plus variées de l'ané-
» mie, la chlorose, les anémies de la goutte chronique, de
» l'alimentation mal réglée, de la grossesse, de la vieillesse,
» des fièvres hectiques qui minent sourdement l'écono-
» mie, etc., etc.; il est surtout efficace pour relever les
» forces abattues par la maladie et par les digestions labo-
» rieuses et difficiles. A ces points de vue, aucun cordial
» ne doit être placé au-dessus de ce vin tannique et corro-
» borant.

» Tous les médecins des hôpitaux, parmi lesquels je
» citerai mes maîtres et mes amis, Chomel, Rostan, Requin,
» Grisolle, Trousseau, etc., prescrivaient journellement
» ce vin, et en obtenaient les meilleurs résultats. » (*Bou-
chardat, professeur à la Faculté de médecine; formulaire ma-
gistral,* 19ᵉ *Édition, page* 179.)

L'usage du vin de Saint-Raphaël détermine l'équilibre des fonctions, et, par cela même, peut prolongér l'existence au-delà des limites ordinaires.

C'est que la nature a des moyens de préparation et des secrets auxquels ne saurait atteindre la chimie et qui fournissent à l'art de guérir, des agents bien plus efficaces que ceux de l'alambic et du creuset. Or, entre les vins de quinquina sortant du laboratoire, et le vin tannique de Saint-Raphaël qu'on peut appeler un vin de quinquina naturel, il existera la même différence qu'entre un vin fabriqué et un vin naturel.

Le vin de Saint-Raphaël l'empoite sur le vin de quinquina par sa saveur agréable. Pour les malades et les gourmets, il n'est pas de vin de dessert qui puisse lui être préféré.

C'est en terminant chaque repas qu'on prend un demi-verre à Bordeaux de ce vin corroborant. Dans les pays froids ou brumeux, cette même dose, prise le matin à jeun, préviendra les nombreuses indispositions qui sont le cortége ordinaire de l'hiver.

Le Vin de Saint-Raphaël est un Vin fortifiant, digestif. C'est un tonique reconstituant d'un goût excellent. Plus efficace pour les personnes affaiblies, que les ferrugineux, les quinas. Il est prescrit dans les fatigues d'estomac, la chlorose, l'anémie, les convalescences. etc., etc.

Renseignements : Détail : toutes les pharmacies, **3 fr.** la bouteille.

Gros : Expédition franco en gare destinataire, par caisse de 7 bouteilles, 20 fr.; 12 bouteilles, 35 fr.; 25 bouteilles, 70 fr.

Il suffit d'adresser un mandat sur la poste ou des billets de banque A LA COMPAGNIE DU VIN DE SAINT-RAPHAËL A VALENCE (DRÔME).

EAUX MINÉRALES DE VALS

Les Eaux de Vals doivent à leur basse température et à leur richesse en acide carbonique, de posséder une stabilité qui leur permet de subir les transports les plus longs, sans éprouver la moindre altération. L'expérience de chaque jour, et mille fois répétée, démontre que ces Eaux sont aussi efficaces à cent lieues de distance qu'à leur point d'émergence.

SAINT-JEAN

Cette source est fort agréable au goût. Sa faible minéralisation et les proportions heureuses qui la distinguent en font une Eau qui rend des services réels dans les affections des voies digestives (pesanteur d'estomac, inappétence, gastralgie, dyspepsie, vomituration), dans les flatuosités abdominales, les métrites chroniques, etc. C'est la moins excitante de toutes les sources de Vals, et celle qui convient le mieux aux personnes délicates, nerveuses ou prédisposées aux congestions et aux hémorrhagies.

PRÉCIEUSE

Cette Eau, d'une minéralisation plus forte que la précédente, est la plus gazeuse des sources de Vals. Son usage est d'un effet puissant dans les dyspepsies, gastralgies, maladies de l'appareil biliaire (engorgement du foie et de la rate, obstructions viscérales, calculs épatiques, jaunisse, etc.)

DÉSIRÉE

La source *Désirée* est la plus riche en magnésie; elle est souveraine contre les maladies des reins, et les dyspepsies acides. Elle détruit les dispositions à la constipation, et possède de véritables propriétés dans les affections biliaires, les coliques néphrétiques, diabète, sciatique, albuminurie.

T. S. V. P.

RIGOLETTE

La notable proportion de fer que contient cette Eau la fait considérer, par le corps médical, comme la source alcaline gazeuse la plus utile dans l'appauvrissement alcalin et ferrugineux du sang et des humeurs (chloro-anémie ou pâles couleurs, hystérie, lymphatisme, marasme, fièvres consomptives, etc.), débilité, épuisement des forces.

LA MAGDELEINE

C'est la plus minéralisée des sources sodiques connues en France. L'usage de cette eau est particulièrement favorable dans les maladies du tube intestinal : gastralgie, gastrite chronique, et dans les affections du système nerveux : diabète, albuminurie.

Cette eau, fortifiante et sédative, est éminemment bienfaisante dans les affections de la goutte et du rhumatisme.

DOMINIQUE

Cette source n'a aucune analogie avec les précédentes. Sa composition est unique en Europe. Elle est arsénicale, ferrugineuse et sulfurique. On l'emploie avec succès pour combattre les fièvres intermittentes, les cachexies, les maladies de la peau, la dyspnée, l'asthme, le catarrhe pulmonaire, et surtout dans la chlorose, l'anémie, l'épuisement des forces, la débilité.

Les Eaux des six sources de Vals se transportent sans subir la plus légère altération ; or, quand une eau minérale peut être conservée longtemps sans altération, et malgré les transports les plus lointains, on est en droit, à quelle distance des sources qu'on la prenne, d'en attendre d'aussi bons effets qu'à la station thermale même.

Le chiffre d'expédition dans l'intérieur de la France dépasse deux millions de bouteilles.

Les Eaux de ces sources sont *très-agréables à boire pures et surtout à table avec le vin*. La dose ordinaire est d'une bouteille par jour.

Les emballages sont de 24 et 50 bouteilles, au prix de 15 et 30 francs, à Vals.

Pour les demandes d'expéditions, il suffit de s'adresser à la Société Générale des Eaux, a Vals (*Ardèche*). Très-important de mettre correctement l'adresse.

24ᵉ ANNÉE

L'INDUSTRIE

Journal des Chemins de Fer

U CRÉDIT FONCIER DE FRANCE

ET DE TOUS LES GRANDS INTÉRÊTS DU PAYS

PARAISSANT TOUS LES DIMANCHES

(16 pages in-4°)

Études de toutes les grandes questions financières à l'ordre du jour; — vue politique et financière de la semaine; — Appréciations des valeurs; Marché en Banque; — Correspondances financières des divers marchés Europe; — Bilans de la Banque de France et des Sociétés de crédit; — mptes rendus des assemblées d'actionnaires; — Rapports officiels des mpagnies; — Avis et Annonces des Compagnies; — Tableaux des cours; Recettes des chemins de fer; — Listes officielles des tirages.

Charles ROPIQUET, Rédacteur en Chef

Vente et achat de toutes valeurs, au comptant et à terme, sans commis- n autre que le courtage de l'agent de change. Reports. Payement de cou- ns. Renseignements aux abonnés, soit verbalement, soit par correspon- nce.

ABONNEMENTS :

Paris.	Un an.	**10** fr.	Six mois.	**6** fr.
Départements. .	—	**12** »	—	**7** »
Étranger.	—	**16** »	—	**9** »

Envoyer mandat-poste, coupons échus ou effet à vue sur Paris à l'ordre du Rédacteur en Chef.

areaux : **62, rue Neuve-des-Petits-Champs, à Paris**

CALMANN LÉVY, éditeur, rue Auber, 3, place de l'Opéra.

LES
GRANDES USINES

ÉTUDES INDUSTRIELLES EN FRANCE ET A L'ÉTRANGER

PAR

TURGAN

Dix forts volumes renfermant un grand nombre de **Planches explicatives**
et de **Gravures sur bois**, d'après la photographie.

PRIX DU VOLUME : 12 FR. — DE LA COLLECTION COMPLÈTE : 100 FRANCS

Cette importante publication, sous la forme de monographies, a
réuni les documents historiques et techniques les plus intéressants
et les plus nouveaux sur l'industrie moderne.

Ces études pratiques, prises sur nature, illustrées de nombreuses
gravures explicatives, peuvent être lues par les gens du monde;
les savants et les industriels y trouveront d'utiles renseignements
sur tous les sujets qui les intéressent.

Les principales industries décrites sont :

Les Gobelins. — Les Moulins de Saint-Maur. — Le Creusot. — L'Imprimerie
nationale. — La Papeterie d'Essonne. — Manufacture de Sèvres. — Établisse-
ments Derosne et Cail. — Filature de coton de M. Pouyer-Quertier. — Savonnerie
Arnavon. — La Monnaie. — Manufacture nationale des tabacs. — Saint-Gobain.
— Fabrique de pianos de MM. Pleyel, Wolf et Cⁱᵉ. — Dentelles du Puy. —
Boulangerie des Hôpitaux. — Usines à gaz de Paris. — Cristallerie de Baccarat.
— Impressions Dollfus Mieg. — Caves de Roquefort. — Aciéries Petin et
Gaudet. — Draperie Ch. Flavigny, à Elbeuf. — Manufactures de tapis de
MM. Chocqueel, à Tourcoing et Aubusson. — Taillerie de diamants d'Amster-
dam. — Manufacture d'armes de Liége. — Manufacture d'armes de Chatelle-
rault. — Fonderie de canons de Ruelle. — Fabrique d'eau-de-vie J. Hennessy,
à Cognac. — Manufacture d'Indret. — Mines et fonderies de zinc de la Vieille-
Montagne. — Fabrique de sucre de betteraves de Saint Leu d'Esserent. — Fon-
deries de canons et Aciéries de Krupp, à Essen (Prusse). — Filature de soie
Blanchon. — Tissage de soie Bonnet. — Verreries de la Loire. — Etablissement
Japy, à Beaucourt. — Filatures et tissage de Reims. — Caoutchouc de Guibal.
— Capsulerie Gevelot. — Teinturerie Boutarel. — Verreries de Venise et de
Murano. — Mines et usines de la Haute-Silésie : Fer — Houille — Zinc —
Plomb — Argent — Soieries de Tours — Fabrique de matière colorantes de
A. Poirier, à Saint-Denis. — Fabrique de canons et mitrailleuses du colonel
Reffye. — Ferme expérimentale du Brizay. Emploi de machines agricoles nou-
velles et des principaux engrais industriels. — Etablissements Bréguet :
Construction des appareils de précision, télégraphie électrique, applications
diverses de l'électricité. — Etc., etc.

Chaque Usine se vend séparément. 60 cent. la livraison.

La onzième série est en cours de publication.

VÉRITABLES

PILULES DE BLANCARD

A L'IODURE DE FER INALTÉRABLE

On trouve dans le commerce de fausses **Pilules de Blancard** qui, d'après l'analyse faite par un Chimiste distingué, M. Personne, sont bien loin de contenir la dose réglementaire de leur principe actif : l'Iodure de fer.

Comme preuve d'authenticité des **véritables Pilules de Blancard**, approuvées par l'Académie de Médecine de Paris et par la haute Commission médicale chargée de rédiger notre nouveau Formulaire officiel, le Codex, exiger notre signature ci-dessous, apposée au bas d'une étiquette verte :

PHARMACIEN,
rue Bonaparte, 40
A PARIS

N. B. — Ces Pilules s'emploient surtout contre **la faiblesse de constitution**, pour rendre au sang sa richesse, son abondance naturelles, et pour en régulariser le cours périodique, etc., etc.

SE DÉFIER DES CONTREFAÇONS

DÉPOT, VENTE, EXPÉDITION

77, rue Saint-Lazare, 77

Dégustation : 25 centimes le verre. — Flacon : 3 fr. 25 (le verre est repris pour 25 centimes).

Renseignements gratuits pour l'entretien de la beauté, au dépôt. Dragées d'anti-nicotine du Dr Licke.

Dégustation à 25 centimes.

QUALITÉ SANS RIVALE

Cette liqueur est précieuse à tous les âges. — L'enfance y trouvera le développement de son intelligence et la régularisation de la croissance. — La jeunesse, la conservation de la beauté, de la grâce et de la souplesse, ces dons précieux de la nature, si fugitifs jusqu'ici ; l'âge mûr, un préservatif certain contre *dispepsie, rhumatismes, goutte, gravelle, diabète, attaques d'apoplexie, etc.*, maladies perfides, toujours cachées sous l'oreiller de l'homme en apparence le mieux portant ; enfin la vieillesse, presque toujours anticipée, une régénération précieuse.

Quant à ceux qui souffriraient déjà de ces cruelles maladies, nous les engageons à s'adresser au Docteur **BARDENET**, rue de Rivoli, 106.

Sa nouvelle médication lui donne journellement les plus heureux résultats.

L'exécution de ses ordonnances est confiée à **M. SALMON**, pharmacien, rue Saint-Lazare, 70.

ÉDITION DÉFINITIVE

ŒUVRES COMPLÈTES

DE

H. DE BALZAC

Avec un beau portrait sur acier par GUSTAVE LÉVY

ENVIRON 25 VOLUMES IN-8 CAVALIER

EN VENTE

SCÈNES DE LA VIE PRIVÉE. 4 vol.	30 »	
SCÈNES DE LA VIE DE PROVINCE. 3 volumes	22 50	
SCÈNES DE LA VIE PARISIENNE. — 4 volumes	30 »	
SCÈNES DE LA VIE MILITAIRE. 1 v.	7 50	
SCÈNES DE LA VIE POLITIQUE. — 1 volume	7 50	
SCÈNES DE LA VIE DE CAMPAGNE. 1 volume	7 50	
ÉTUDES PHILOSOPHIQUES. 3 vol.	22 50	
THÉÂTRE COMPLET. 1 volume	7 50	
CONTES DROLATIQUES. 1 volume	7 50	
CONTES ET NOUVELLES. — ESSAIS ANALYTIQUES. 1 volume	7 50	
PHYS. ET ESQUISSES PARISIENNES. 1 volume	7 50	
PORTRAITS ET CRITIQUE LITTÉRAIRE. — POLÉMIQUE JUDICIAIRE. 1 volume	7 50	
ÉTUDES HISTORIQUES ET POLITIQUES. 1 volume	7 50	

Il a été tiré, pour les bibliothèques et les amateurs, 200 exemplaires numérotés sur beau papier de Hollande, portant dans son filigrane la marque distinctive de l'édition.

Prix de chaque volume sur papier de Hollande : 20 fr.

Avec le dernier volume, les souscripteurs recevront le portrait de Balzac et le fac-simile de son écriture, tiré sur papier de Chine avant la lettre.

ŒUVRES

DE

J. MICHELET

GUERRES DE RELIGION. 3e édition. 1 volume in-8°	6 »	
HENRI IV ET RICHELIEU. 2e édition. 1 volume in-8°	6 »	
RICHELIEU ET LA FRONDE. 2e édition. 1 volume in-8°	6 »	
LOUIS XIV ET LA RÉVOCATION DE L'ÉDIT DE NANTES. 3e édition. 1 volume in-8°	6 »	
LOUIS XV (1724-1757). 1 volume in-8°	6 »	
HIST. DU XIXe SIÈCLE. — ORIGINES DES BONAPARTE. 1 volume in-8°	6 »	
PRÉCIS DE L'HIST. MODERNE. 1 volume in-8°	5 »	
L'AMOUR. 8e édit. 1 vol. gr. in-18.	3 50	
BIBLE DE L'HUMANITÉ. 2e édit. 1 volume gr. in-18	3 50	
LA FEMME. 3e édition. 1 volume gr. in-18.	3 50	
LES FEMMES DE LA RÉVOLUTION. 1 volume gr. in-18	3 50	

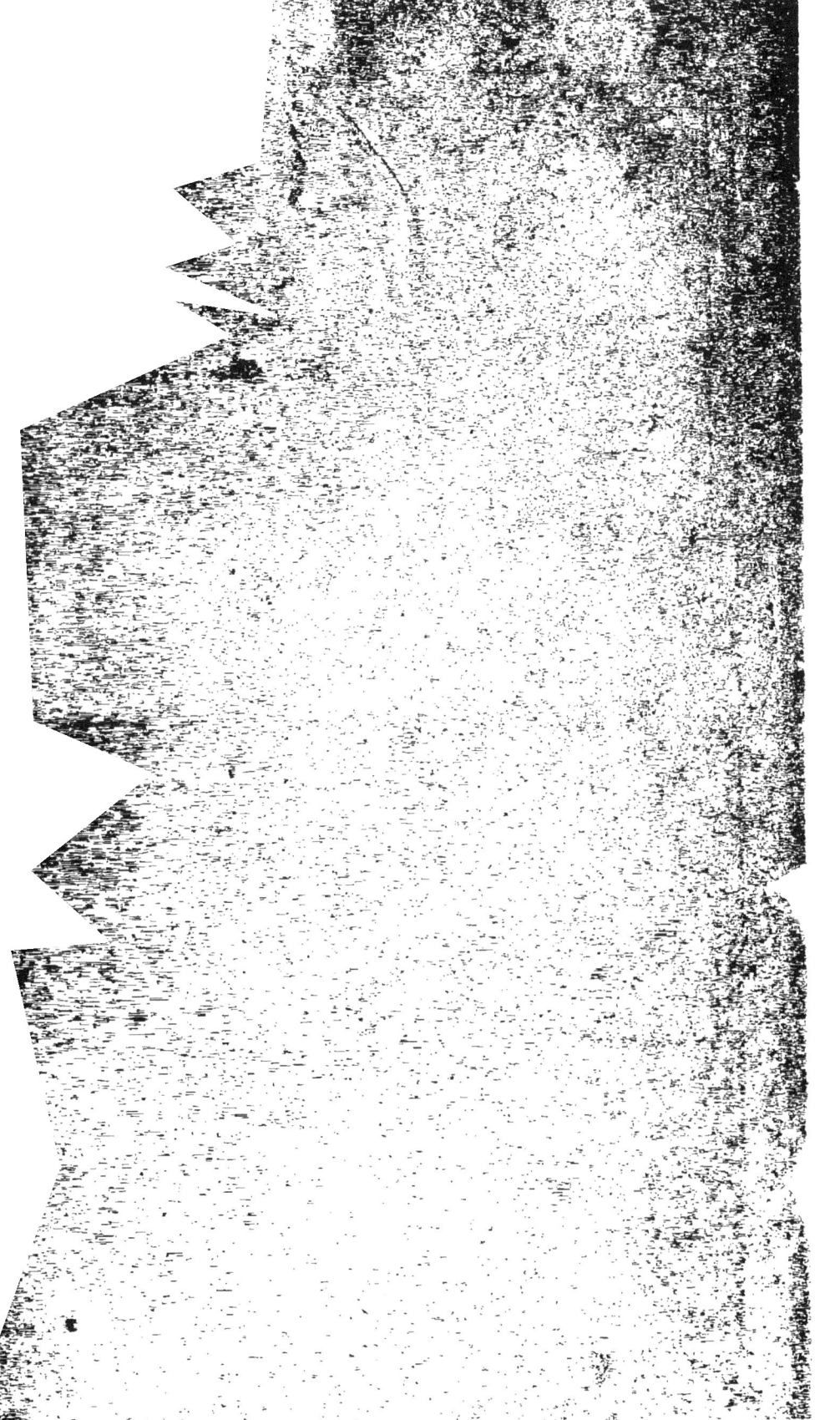

Boulogne (Seine). — Imp. JULES BOYER.

www.ingramcontent.com/pod-product-compliance
Lightning Source LLC
Chambersburg PA
CBHW050323030726
47505CB00003B/834